DER PERFEKTE MIX

Besondere Drinks
mit Freunden genießen

DER PERFEKTE MIX

Besondere Drinks mitFreunden genießen

Text und Illustrationen: Ryan Chetiyawardana
Fotos: Kim Lightbody

Hallwag

Die Originalausgabe erschien 2015 unter dem Titel »Good Things to Drink with Mr Lyan & Friends« bei Frances Lincoln Limited, 74–77 White Lion Street, London N1 9PF. www.franceslincoln.com

Design: Glenn Howard
Commissioning editor: Zena Alkayat
First Frances Lincoln Edition 2015

Grillparzerstr. 12, 81675 München
HALLWAG ist ein Unternehmen der GRÄFE UND UNZER VERLAG GmbH, München, GANSKE VERLAGSGRUPPE.
www.hallwag.de

Projektleitung: Florian Fischer
Übersetzung: Reinhard Ferstl
Lektorat: Eva Meyer
Korrektorat: Susanne Schneider
Satz: L42 AG, Berlin
Herstellung: Markus Plötz
Umschlaggestaltung: Martina Baldauf, herzblut02 GmbH
Printed and bound in China

1. Auflage 2018
ISBN 978-3-8338-6405-6

Liebe Leserin und lieber Leser,
wir freuen uns, dass Sie sich für ein HALLWAG-Buch entschieden haben. Mit Ihrem Kauf setzen Sie auf die Qualität, Kompetenz und Aktualität unserer Bücher. Dafür sagen wir Danke! Ihre Meinung ist uns wichtig, daher senden Sie uns bitte Ihre Anregungen, Kritik oder Lob zu unseren Büchern. Haben Sie Fragen oder benötigen Sie weiteren Rat zum Thema? Wir freuen uns auf Ihre Nachricht!

Wir sind für Sie da!
Montag – Donnerstag: 9.00 – 17.00 Uhr
Freitag: 9.00 – 16.00 Uhr

Tel.: 00800/72 37 33 33*
Fax: 00800/50 12 05 44*
**gebührenfrei in D, A, CH*

E-Mail: leserservice@graefe-und-unzer.de

GRÄFE UND UNZER Verlag
Leserservice
Postfach 86 03 13
81630 München

GRÄFE UND UNZER
Ein Unternehmen der GANSKE VERLAGSGRUPPE
Hallwag

Dieses Buch widme ich meiner Schwester Natasha. Sie ist unbestritten die talentierteste Person dieses Planeten. Ohne sie hätte ich nicht das erreicht, was mir wichtig ist. Ich liebe meinen Beruf. Dass sie ihn möglich gemacht hat, dafür bin ich ihr ewig dankbar.

INHALT

9
EINFÜHRUNG

12
BARZUBEHÖR

18
ZUTATEN

24
TECHNIKEN

30
SIRUPE UND BITTERS

36
MORGENDLICHE MUNTERMACHER

44
MARKTFRISCH

72
FÜR SOMMERFESTE

104
DRAUSSEN GENIESSEN

124
APERITIFS

140
FREITAGNACHT

158
SPAZIERGÄNGE

170
AM OFFENEN KAMIN

188
WINTERFREUDEN

210
DER PERFEKTE GIN TONIC

218
REGISTER

224
DANK

EINFÜHRUNG
RYAN CHETIYAWARDANA

Wir alle wissen: Ein mit Liebe zubereitetes Essen kann Menschen zusammenbringen. Für mich dagegen ist Spaß garantiert, wenn ich mit Freunden zusammen bin und ihnen gute Cocktails servieren kann. Das liegt vielleicht daran, dass ich nostalgisch veranlagt bin – ich habe die schönsten Erinnerungen daran, manche Drinks an bestimmten Orten genossen (oder gemixt) zu haben. Aber wenn man sieht, wie ein gelungener Cocktail – genau wie gutes Essen! – ein Beisammensein ergänzen oder aufwerten kann, dann macht das nun einmal Freude.

Viele schrecken vor dem Mixen zurück, weil sie es für schwer oder zeitraubend halten. Andere wollen kein kompliziertes Gebräu basteln, während der Rest seinen Spaß hat. Dabei kann die Zubereitung fantastischer Drinks ganz leicht in den Alltag integriert werden.

Im Mittelpunkt dieses Buchs stehen all die Zusammenkünfte mit Freunden und der Familie, die mit Cocktails noch denkwürdiger werden. Wenn Sie eine größere Gruppe versorgen müssen, finden Sie hier Mischungen, die Sie leicht in größeren Mengen vorbereiten und in Flaschen, Schüsseln und Krüge abfüllen können. Während eines frostigen Winterspaziergangs sind Sie der Star, wenn Sie für Ihre Begleiter etwas Reichhaltiges und Wärmendes dabeihaben. Natürlich können Sie auch mit Überraschungen aufwarten: Manchmal ist ein tropischer Drink an einem verregneten Tag genau das Richtige. Entscheidend aber ist, dass Sie Spaß haben. Dann werden Sie schnell merken, wie sehr ein genialer Cocktail ein Fest zum Erlebnis machen kann.

Ich habe schon immer versucht, das Schöne und Schräge über Drinks zu erkunden und Geschmacksrichtungen aus aller Welt mit einzubauen, was vielleicht meiner Ausbildung zum Koch geschuldet ist. Durch mein Biologiestudium an der Universität konnte ich Cocktails auch von einer wissenschaftlicheren Seite ergründen. (Ich war bekannt dafür, dass ich mit allen möglichen Hightech-Instrumenten und ungewöhnlichen Zutaten arbeitete.) Aber die Drinks in diesem Buch sind eng mit den erstaunlichen Teams verbunden, die die Cocktails in meinen Bars zum Leben erwecken. Für manche braucht man etliche Arbeitsschritte und eine gewissenhafte Vorbereitung, wozu ich bei mir zu Hause selten Lust habe. Dort ziehe ich den knackigen Martini vor dem Essen, den erfrischenden Gin Tonic an einem Sommerabend im Garten oder den wärmenden Absacker zum Ausklang eines kalten Tages vor. Solche Gelegenheiten werden durch die passenden Drinks enorm aufgewertet. Welche, erfahren Sie in diesem Buch.

Kein Rezept hier ist in Stein gemeißelt. Ich wünsche mir, dass Sie mit meinen Vorschlägen experimentieren. Behandeln Sie Cocktails wie die Rezepte, nach denen Sie kochen. Man kann sich sklavisch exakt daran halten oder sie lediglich als Inspiration sehen. Passen Sie die Drinks an Ihren Geschmack und die vorhandenen Zutaten an. Vielleicht werden sie dann immer ausgeklügelter. Statt eine Flasche Bier oder Wein zu öffnen, sollten Sie eingetretene Wege verlassen und Neues ausprobieren. Dann genießen Sie Ihre Drinks hoffentlich noch mehr.

LYAN

BARZUBEHÖR

Im Handel bekommt man viel schönes (und teures!) Barzubehör – vor allem in Japan und Deutschland. Um fabelhafte Drinks zu mixen, braucht man jedoch im Grunde nur eine Handvoll zweckmäßiger Utensilien, der Rest ist Improvisation. Sie werden sehen: Auf der Suche nach dem perfekten Cocktail kennt Ihr Erfindungsreichtum keine Grenzen!

SHAKER

Wenn Sie sich nur einen einzigen Shaker zulegen möchten, schlage ich einen Tin-Tin-Shaker aus Metall vor. Der Grund: Er bricht nicht, was beim Mixen ein klarer Vorteil ist! Nach Bedarf kann man sein Arsenal jedoch beliebig erweitern.

Auch Marmeladengläser, Flaschen und Kübel eignen sich als Shaker. Mit ihnen ist es allerdings schwieriger, die passende Menge hinein- und wieder herauszubekommen.

MIXING-GLAS

Auch hier ist es wieder leicht, Geld loszuwerden. Aber mehr als ein mittelgroßes Glas braucht man nicht. Ist es zu klein, passt nicht genug Eis hinein, ist es zu groß, vermischt sich der Mix zu stark. Ideal ist ein dickwandiges Glas (oder eines mit Griff), damit die Hände den Drink nicht erwärmen.

BARLÖFFEL

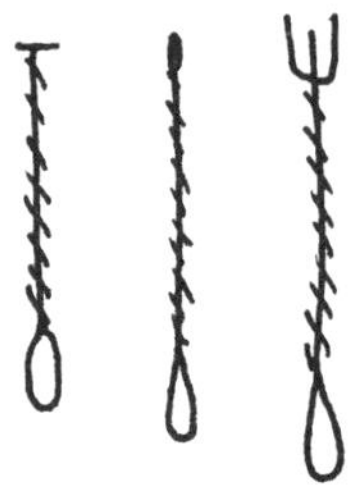

Ein Löffel mit langem Stiel ist eine lohnende Anschaffung. Aber auch ein Essstäbchen und ein sauberer Pinsel sind okay.

PRESSE

Frischer Saft ist unverzichtbar, also brauchen Sie eine Handpresse. Ich bevorzuge die Mexican-Elbow-Version. Mit ihr bekommt man außerdem die Zitrusöle aus den Schalen.

BARMASS (JIGGER)

In Bars braucht man geeichte Barmaße, zu Hause aber tut es jedes Gefäß – ideal ist ein Schnapsglas. Auch nützlich: Ess- und Teelöffel.

BARSIEB (STRAINER)

Das brauchen Sie, um Eis und andere Stückchen aus geschüttelten oder gerührten Drinks herauszubekommen. Zur Not reicht dafür auch ein Schaumlöffel, aber besser ist ein spezielles Barsieb.

Hawthorne   Julep   Feinsieb

Alle drei leisten gute Dienste und lohnen die Anschaffung.

MESSER UND SCHÄLER

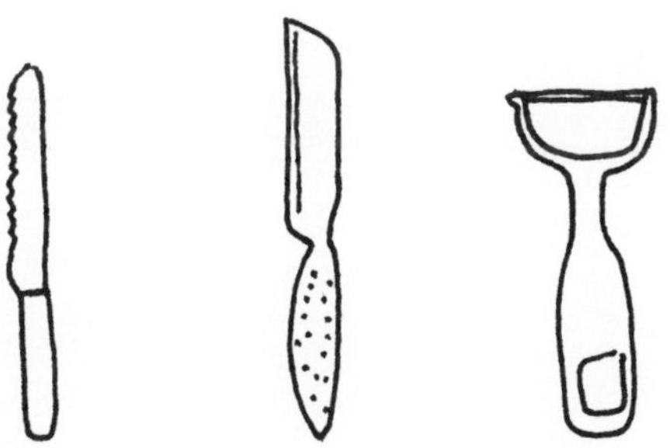

Säge-messer   Gemüse-messer   Spar-schäler

Sie haben sie vermutlich sowieso in der Küche. Nicht fehlen sollten ferner ein kleines Hackbrett aus Kunststoff, ein Schälmesser mit scharfer Klinge (stumpfe sind wesentlich gefährlicher) sowie ein Sparschäler. Dieser ist besonders wichtig. Mit ihm kann man Zitruszesten schneiden, ohne die bittere weiße Haut mitzunehmen.

GLÄSER

Wie für Barzubehör kann man auch für Gläser ein kleines Vermögen ausgeben. Sich eine Auswahl kleiner, hochwertiger Gläser anzuschaffen lohnt sich, denn die Drinks fallen wesentlich besser aus. Die Glasformen haben für jeden Mix ihre Berechtigung. Als Faustregel aber gilt: Nehmen Sie eher kleinere, feinere Ausführungen.

Highball-Glas

Das nach der gleichnamigen Cocktailfamilie – darunter Gin Tonic und Whisky Soda – benannte Glas ist schmal und hoch. Es hält das Kohlendioxid und sorgt dafür, dass sich der Drink langsam öffnet.

Sling-Glas

Das Sling- oder Catalina-Glas ist mit dem Highball-Glas verwandt. Es verjüngt sich nach unten zu, weshalb es sich als elegantes Behältnis für Slings und Mojitos empfiehlt.

Shot-Glas

Ein kleines, breites Glas mit etwa 25 ml Fassungsvermögen. Auch gut als Barmaß!

Rocks- bzw. Old-Fashioned-Glas oder Tumbler

Niedrig und oft ziemlich schwer, damit man den kostbaren Inhalt nicht so leicht verschüttet.

Cocktail-, California- oder Martini-Glas

Sie sollten sehr klein und idealerweise auch sehr filigran sein. Die Drinks in ihnen hingegen sind stark und müssen daher kalt, kurz und knackig ausfallen.

Coupette, Sour- oder Daisy-Glas

Die rundere, größere Coupette oder Cocktailschale eignet sich gut für geschüttelte Drinks mit etwas mehr Volumen, die ohne Eis serviert werden.

Flûte oder Champagnerglas

Ein hübsches, elegantes Glas, das den Inhalt lange perlen lässt. Allerdings bringt ein Weinglas das Aroma oft besser zur Geltung.

ZUTATEN

Es versteht sich eigentlich von selbst: Verwenden Sie stets die besten Zutaten, die Sie bekommen können. Sind die Zutaten schlecht, ist auch der Cocktail schlecht. Das gilt für das übliche Küchenarsenal ebenso wie für frische Geschmacksgeber und Ungewöhnliches, von Meersalz bis hin zu Gewürzen.

Wie beim Kochen habe ich beim Mixen gern ein paar wesentliche Zutaten zur Hand. Sie bilden meine Basis, aus der ich eine riesige Auswahl an Drinks mit frischen, mitunter noch am selben Tag gekauften Ingredienzen bastle.

Probieren Sie jede frische Zutat, die Sie verwenden. Sie müssen nicht alle Nuancen erschmecken, sollten aber erkennen können, ob beispielsweise die Orangen vom Markt besonders süß sind und Sie deshalb zum Ausgleich weniger Honig brauchen.

Das wird wichtig, sobald Sie souveräner beim Einsatz der grundlegenden Geschmacksnuancen süß, sauer, salzig und bitter geworden sind und anfangen, Drinks zu verändern und Ihre Lieblingskombinationen aus der Küche einzusetzen. Dann können Sie auch Akzente oder Modifier integrieren und die vorgeschlagenen Drinks nach Belieben umgestalten.

Wer zu Hause häufig Cocktails mixt, kann sich durchaus ein Sortiment verschiedener Spirituosen zulegen. Beschränken Sie sich aber auf diejenigen, die Sie regelmäßig verwenden. Selbst wenn sie nicht schlecht werden, so schmecken sie frisch doch am besten.

Manche Zutaten halten sich, andere müssen kühl gelagert oder aber rasch aufgebraucht werden.

Haltbar

Angostura-bitter

Campari

Absinth (+ Tropfflasche)

Triple Sec + Fruchtlikör

Kalt/frisch

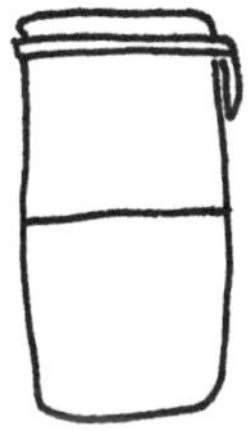

Zuckersirup

trockener und süßer Wermut

Fino Sherry

Tonic, Soda, Ginger Ale, Ginger Beer (gute Qualität, kleine Mengen)

Marmelade

Trocken

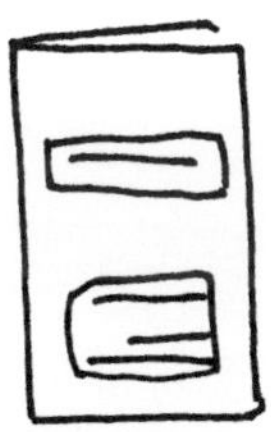

Meersalz

Honig (gute Qualität, regional)

Teeblätter

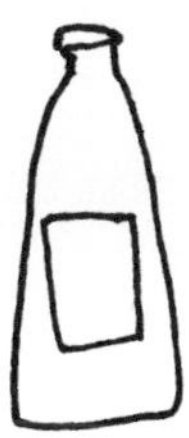

Apfelessig

Trockengewürze

Ahornsirup

GARNIERUNGEN

Das Garnieren wirkt oft überflüssig, aber richtig gemacht kann es eine erstaunliche optische oder aromatische Bereicherung sein. Manchmal ergänzt die Garnierung einen Cocktail, dann wieder setzt sie einen Kontrapunkt. Vor diesem Hintergrund sollte man sich überlegen, wo man sie zum Einsatz bringt. Ein ansprechendes Zweiglein Minze neben einem Trinkhalm etwa suggeriert sofort Frische.

Zitrusfrüchte

Spalten lassen sich leichter auspressen als Scheiben.

Mit einem Sparschäler kann man lange Zesten schneiden.

Kräuter

Die Kräuter werden »geklatscht«, bevor man sie in oder auf das Glas gibt. So setzen sie Öle und Aromen frei. Man sollte sie allerdings weder zerrupfen noch verletzen, um bittere oder andere unangenehme Geschmacksnoten zu vermeiden.

EIS

Sie werden Eis brauchen – sehr viel Eis! Reservieren Sie am besten ein ganzes Fach Ihrer Tiefkühltruhe dafür (außer für Speiseeis ist das Ding sowieso für nichts gut). Frieren Sie Eiswürfel in Formen und größere Stücke in Schalen oder Schüsseln ein.

Eis gehört zu den wichtigsten Zutaten, denn es belüftet den Drink (beim Schütteln), verdünnt ihn und kühlt ihn natürlich auch. Probieren Sie es erst gar nicht ohne.

Wenn Sie die Trennwände aus ihren Eiswürfelformen herausschneiden, bekommen Sie größere Eisstücke, die exakt in Ihre Gläser passen.

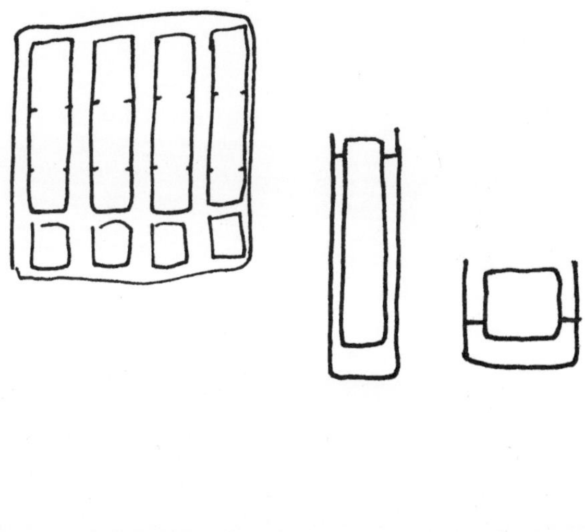

TECHNIKEN

Bestimmt werden Sie bald
Ihre ganz persönliche, für Sie
passende Mixtechnik finden.
Die folgenden Basics aber helfen
Ihnen, souverän zu rühren,
zu schütteln und zu seihen.

SCHÜTTELN

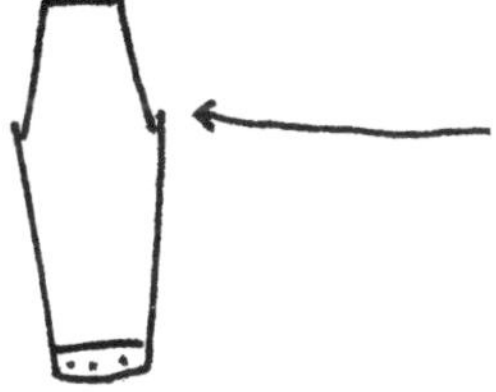

Stecken Sie Shaker und Becher ordentlich zusammen. Mit einem Schlag auf die Verbindungsstelle löst man sie wieder. Alles gut festhalten und nicht zu voll machen.

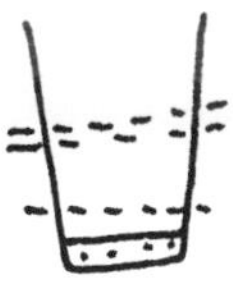

Die Zutaten kommen ohne Eis in den kleineren Becher – die billigste Zutat zuerst – für den Fall, dass man es verbockt. Ist etwas Zähflüssiges dabei, beispielsweise Honig, verrührt man es noch vor dem Schütteln.

Füllen Sie Eis in den Becher mit den Zutaten. Dann stecken Sie den großen Becher mit einem Schlag auf den kleinen.

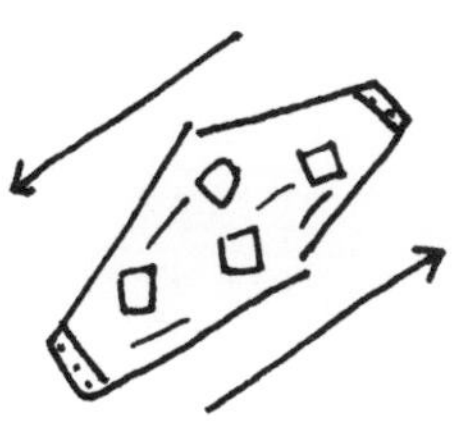

Legen Sie Ihre schwächere Hand auf den großen Becher und die stärkere auf den kleinen. Halten Sie beide Becher gut fest und bewegen Sie sie etwa 15 Sekunden lang in großen, möglichst schnellen Bewegungen vor und zurück.

RÜHREN

Stellen Sie Ihr Mixing-Glas nach Möglichkeit in den Kühlschrank oder sogar in das Gefrierfach. Auf keinen Fall darf es warm sein.

Geben Sie alle Zutaten in einen Krug und verrühren Sie den Inhalt.

Füllen Sie den Krug bis obenhin mit Eis. Er darf jedoch nicht überlaufen.

Lassen Sie den Barlöffel vorsichtig, aber zügig entlang der Innenseite des Krugs kreisen. Dabei sollten Eis und Flüssigkeit sanft in Bewegung bleiben. Es geht hier nicht darum, das Ganze heftig durchzuwirbeln oder zu belüften.

SEIHEN

Nach dem Rühren oder Schütteln muss man das Eis und andere Feststoffe herausfiltern. Wenn stark geschüttelt wurde oder viele Stückchen im Drink schwimmen, ist sogar ein doppeltes Abseihen sinnvoll.

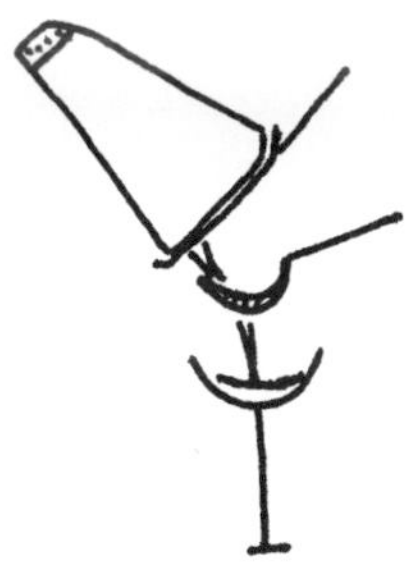

Stecken Sie dazu einen Hawthorne Strainer (siehe Seite 15) fest auf den Becher und verwenden Sie beim Eingießen in das Glas zusätzlich ein Fein- bzw. Teesieb.

Das Seihen ist ein simpler Arbeitsschritt, aber sehr wichtig, um einen ausgewogenen Drink zu erhalten. Gießen Sie den Cocktail rasch und ohne zu zögern durch die Siebe.

MUDDELN

Die meisten weichen Kräuter und Beeren müssen nicht aufgebrochen werden, da allein schon das Schütteln oder Rühren ihre Geschmacksstoffe löst, während die Bitterstoffe gebunden bleiben.

Einige Früchte mit härterem Fleisch wie etwa Ananas profitieren dagegen von einem sanften Muddeln bzw. Zerstoßen mit dem Ende eines kleinen Nudelholzes oder Stößels. Auch wer eine leichte Bitternote bevorzugt, liegt damit richtig.

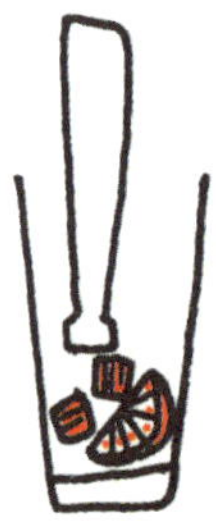

BAUEN

Das Bauen eines Cocktails scheint auf den ersten Blick eine einfache Angelegenheit zu sein: Der Drink muss lediglich im Glas zusammengegossen werden. Allerdings ist darauf zu achten, dass er ausgewogen und strukturiert bleibt, vor allem wenn eine sprudelnde Zutat mit von der Partie ist.

Das (nach Möglichkeit gekühlte) Glas mit Eis füllen.

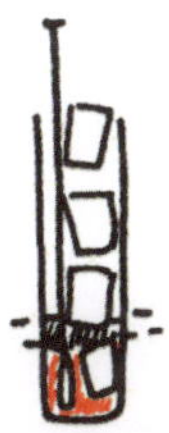

Hauptzutaten hineingeben, umrühren, dann Eis nachfüllen.

Mit einer (sprudelnden) Zutat auffüllen, kurz umrühren.

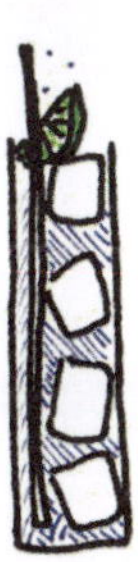

Trinkhalm hineinstecken und garnieren.

SIRUPE UND BITTERS

Zuckersirup selbst zuzubereiten ist kinderleicht. Wer ihn auch noch mit frischen Zutaten anreichert, dem steht ein maßgeschneidertes Elixier zur Verfügung, das es in keinem Geschäft zu kaufen gibt. Bitters sind etwas schwieriger hinzubekommen. Dafür ist das Erfolgserlebnis umso größer.

SIRUP, SELBST GEMACHT

Zucker und Alkohol sind vorzügliche Geschmacksträger und Konservierungsstoffe. Mit ihnen lassen sich leckere Früchte und Gewürze selbst dann noch genießen, wenn sie nicht mehr frisch erhältlich sind (sieht man von Machwerken wie Erdbeeren von außerhalb der Saison ab, die wie Kartoffeln schmecken).

Für einen einfachen Sirup bringen Sie zunächst 1 Teil Wasser zum Kochen,

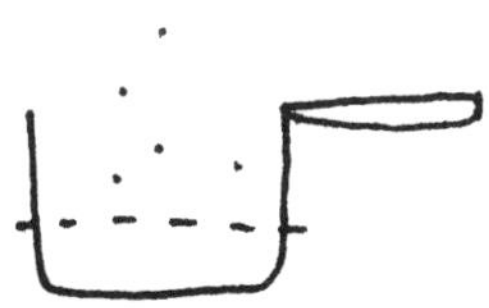

nehmen es vom Herd, geben 2 Teile Zucker dazu und

verrühren ihn, bis er komplett aufgelöst ist. Fertig!

Und so geht ein Sirup mit Gewürz- oder Obstgeschmack: Legen Sie einfach die jeweilige Zutat (etwa Zitrusschalen) in den noch heißen Sirup ein und rühren Sie ihn um. Dann abkühlen lassen und abseihen. In Flaschen abgefüllt hält sich Sirup im Kühlschrank etwa drei Wochen.

BITTERS, SELBST GEMACHT

Im Handel sind inzwischen etliche Bitters erhältlich. Es macht jedoch großen Spaß, sie selbst zuzubereiten. Ich nenne sie die »Würze«, das Salz-und-Pfeffer der Cocktails (ich habe tatsächlich schon einmal einen Salz-und-Pfeffer-Bitter gemacht!). Sie bilden Geschmacks-brücken und geben Drinks Länge und Tiefe.

Man braucht dafür einen Bitterstoff (etwa Wurzeln, Rinde, Blätter oder Schalen), etwas hochprozentigen Alkohol (oder Wodka, wenn sonst nichts greifbar ist, aber je höher der Alkoholgehalt, desto besser) und eine Reihe von Geschmacksgebern wie Kräuter, Gewürze, Blüten oder sogar Nüsse.

Jeder Bitterstoff und jeder Geschmacksgeber wird am besten einzeln in eine geringe Menge hochprozentigen Alkohol eingelegt. Anschließend kann man die jeweiligen Posten verschneiden.

Die Einlegedauer reicht von einem Tag bis zu mehreren Wochen. Zur Probe geben Sie ein paar Tropfen in ein Glas Wasser: Schmeckt man den Geschmacksgeber heraus, ist der Bitter fertig.

Gute Basisbitterstoffe

Enzian — Wermut — Bitterholz

Sie sind stark bitter, weshalb man nicht viel braucht.

Gute Geschmacksgeber

Orangenschale — Ingwer — Gewürznelke — Zimt — Kaffee

Von diesen Kräutern und Gewürzen kann man mehr verwenden.

Zusätzliche dezente Geschmacksnoten

Lavendel — Trockenkirsche — Wacholder — Sternanis

Kandiszucker gibt den Mischungen etwas Fülle und Tiefe.

Zubereitung

Sobald die einzelnen Tinkturen fertig sind, mischt man sie, seiht sie, füllt sie ab und lässt sie noch einmal durchziehen.

36
MORGENDLICHE MUNTERMACHER

44
MARKTFRISCH

72
FÜR SOMMERFESTE

104
DRAUSSEN GENIESSEN

Mit dem passenden Cocktail kann ein Treffen mit Freunden zum Erlebnis werden. Hier einige meiner Lieblings-drinks für die verschiedensten Anlässe.

124
APERITIFS

140
FREITAGNACHT

158
SPAZIERGÄNGE

170
AM OFFENEN KAMIN

188
WINTERFREUDEN

210
DER PERFEKTE GIN TONIC

MORGENDLICHE MUNTERMACHER

Um einen Tag mit Freunden langsam anzugehen, gibt es für mich wenig Besseres als einen Brunch. Zu der relaxten Stimmung, die dort herrscht, passen die hier beschriebenen leichten, leuchtenden Cocktails perfekt (sie sind nicht sonderlich stark!). Aus einem lästigen Morgen wird so schnell ein lustiger.

BUCK'S FIZZ RELOADED

Zutaten

4 Tangerinen (wahlweise Clementinen oder Mandarinen)

1 süße Saftorange

½ Zitrone

1 Flasche gekühlter Champagner

Flûtes oder kleine Coupettes

Er hat alles, was ein Morgencocktail braucht, ist also ein wenig kitschig, für mehrere Leute einfach zu mixen, strahlend, anregend und leicht prickelnd. Drei unterschiedliche Zitrussäfte finden hier zusammen – sie unterstreichen die Perlage und die brotigen Noten des Champagners und bleiben frisch. Ich habe Tangerinen verwendet, aber Clementinen, Mandarinen oder eine andere Frucht aus dieser duftigen Zitrusgruppe tun es genauso. Entscheidend ist Ausgewogenheit; der Buck's Fizz sollte also weder zu aromatisch noch zu süß sein, aber auch nicht nur sprudelnde Säure mit Orangengeschmack bieten. Ich mag das Zusammenspiel der Zitronenschärfe und der üppigen Süße von Saftorangen. Die nicht ganz fehlerfrei glatten Exemplare haben übrigens den besten Geschmack.

Zubereitung

Tangerinen halbieren und Orange vierteln, falls nötig. Einen Teil der Tangerinenschale beiseitelegen. Früchte durch ein Teesieb in einen kleinen Krug auspressen, dabei ihre Säfte mischen.

In jedes Glas einen guten Shot (30 ml) des Saftgemischs geben. Gläser mit Champagner auffüllen (langsam, damit nichts überschäumt). Je ein Stück Schale darüber drehen, um die Öle zu lösen, aber nicht in den Drink werfen.

Tipp

Sollen die Drinks zusätzlichen Pep bekommen, nimmt man alle Schalen und dreht sie mit der Außenseite nach unten über dem Krug, damit die Öle in den Saft tropfen (sie sollten auf der Saftoberfläche schwimmen). Gut mixen. Die Öle geben dem Ganzen sorbetartigen Schwung.

BELLINI

Zutaten

2 hellfleischige Pfirsiche

6 Shots (150 ml) Muskateller bzw. Moscato

1 EL Akazienhonig (nach Belieben)

1 Flasche gekühlter Prosecco

Champagner-Flûtes

Sommerliche Dekadenz umweht den Bellini. Er ist ideal mit hellfleischigen oder Weinbergpfirsichen, sofern sie gerade frisch zu bekommen sind. Ansonsten kann man sich mit Dosenfrüchten behelfen, die allerdings ein bisschen süß sind und nicht den feinen Duft frischer Pfirsiche haben. Ich halte den Bellini gern rustikal und püriere lediglich die Frucht, seihe aber das Püree, wenn etwas Weicheres gewünscht ist. Man kann auch Kräuter und Gewürze ins Spiel bringen – Thymian oder Zimt fügen sich bestens ein –, aber wenn die Pfirsiche Hochsaison haben und am besten schmecken, braucht man eigentlich nicht viel mehr. Fallen die Früchte etwas säuerlich aus, tariere ich den Mix gern mit Akazienhonig aus – eine saubere, blumige Bereicherung.

Zubereitung

Pfirsiche entsteinen und mit dem Muskateller im Mixer auf hoher Stufe cremig pürieren. Der Mix sollte fließen – ist er zu dick, einen Spritzer Wasser dazugeben. Abschmecken; falls er zu sauer oder zu trocken ist, einen Klecks Honig hinzufügen und erneut mixen.

2 Shots (50 ml) Püree in einen kleinen Krug geben und etwa 4 Shots (100 ml) Prosecco dazugeben, aber nicht mit einem Messbecher, sonst verliert er seine Bläschen. Vorsichtig umrühren, um den Prosecco mit dem Püree zu mischen, ohne dass die Kohlensäure flöten geht, und in eine gekühlte Flûte gießen. Falls nötig, noch einen Spritzer Prosecco hinzufügen. Mit einem großen Krug kann man drei Portionen auf einmal mixen, es sollte aber schnell gehen, damit die Perlage erhalten bleibt.

Tipp

Sobald Sie den Dreh raushaben und einen ausgewogenen Drink hinbekommen, können Sie mit anderen Früchten experimentieren. Äpfel, Birnen oder süße Pflaumen ergeben ebenfalls einen super Bellini (dem man mit einem Spritzerchen Zitronensaft zusätzlich Strahlkraft verleiht). Selbst Nüsse wie Mandeln oder Esskastanien lassen sich zusammen mit Steinfrüchten pürieren, müssen aber vorher gekocht und geseiht werden.

THE BRAVER

Zutaten

1½ Shots (40 ml) Blended Scotch (eine leichte Version, obwohl ein kräftigerer Whisky mit Rauchnote eine herrlich tiefere Variante liefert)

2 TL Cointreau

1 EL Zitronensaft

2 TL Limettensaft

1 EL Zuckersirup (siehe Seite 31)

3 Minzeblätter

4 Spritzer Absinth

1 Spritzer Angosturabitter

Kleines Highball-Glas

Eiswürfel

gekühltes Soda zum Abrunden

Zitrone zum Garnieren

Auf den ersten Blick sieht er zwar nicht aus wie der perfekte Brunch-Cocktail (vor allem nicht, wenn man noch den Kater vom Vorabend spazieren trägt), aber glauben Sie mir: Als Mageneinrenker schlägt der Braver die Bloody Mary um Längen. Vergleichen lässt sich der strahlende, angenehm komplexe Mix mit dem Scotch-Klassiker Morning Glory Fizz. Sonderlich viele Zutaten enthält er nicht, und obwohl man am Morgen danach vielleicht wenig Lust verspürt, gleich wieder eine ganze Gruppe mit Nachschub zu versorgen, lohnt er doch die Mühe. Außerdem ist er ein hervorragendes Beispiel für den Zauber, den Absinth in Cocktails entfalten kann. Keine Angst vor der »grünen Fee«, sie bringt wunderbar viel Schwung in Drinks. Mein Tipp: Kaufen Sie eine kleine Flasche und füllen Sie den Inhalt in eine Tropf- oder Sprühflasche um – man braucht immer nur wenig davon.

Zubereitung

Von einer Zitrone mit einem Kartoffelschäler einen »Pferdehals« (einen langen Streifen Schale, der spiralig von der Frucht geschält wird) schneiden und beiseite legen.

Alle übrigen Zutaten (mit Ausnahme des Sodas) in den Shaker geben und mit Eis kräftig schütteln. In ein kleines Highball-Glas mit Eiswürfeln doppelt abseihen (siehe Seite 27). Mit Soda auffüllen und mit dem Pferdehals garnieren. Sofort trinken und die stärkende Wirkung genießen!

Tipp

Der Drink enthält viele Zutaten. Jede macht den Cocktail auf dezente Weise interessanter, doch kann man noch weitere hinzufügen, solange man es nicht übertreibt.

Ich bringe gern so geradlinige Mitstreiter wie Beeren (insbesondere Himbeeren) und Kräuter (etwa Koriander oder Estragon) ins Spiel, die ich meistens in der Küche griffbereit habe. Aber auch ein kleiner Löffel Marmelade, ein paar Gewürznelken oder sogar einige Blätter von grünem Tee eignen sich.

MARKTFRISCH

Bauernmärkte sind inspirierende Orte. Sie versorgen uns mit besseren, frischeren und saisonaleren Zutaten. Ich durchstreife sie nur zu gerne mit Freunden, plaudere mit Erzeugern und entscheide dann, was ich koche – und welche Drinks ich mixe.

CROSSTOWN

SOUTHSIDE

Zutaten

1 kleine Gurke

8 bis 10 Minzeblätter

1 Shot (25 ml) Limettensaft

1 EL Zuckersirup (siehe Seite 31)

Spritzer Holundersirup oder naturtrüber Apfelsaft (nach Belieben)

2 Shots (50 ml) Gin

Sling- oder ein anderes schmales, hohes Glas

Eiswürfel

gekühltes Soda zum Auffüllen

Minzezweiglein zum Garnieren

Minze und kleine, dünnschalige Gurken vom Markt schmecken viel besser als Supermarktware. Wenn zudem Holunderblüten weiße Tupfer in die Landschaft setzen, sollte man nach frischem Sirup Ausschau halten. Bei Traditionserzeugern findet man auch erstaunliche Apfelsäfte – sie sind ebenfalls um Längen besser als die handelsüblichen Abfüllungen.

Alle genannten Zutaten tun sich zu einem lebhafteren Cousin des Mojito zusammen: dem Southside. Er ist exakt die Art von Drink, die man braucht, wenn die Sonne ihre Sommerspielzeit beginnt und man etwas Anregendes in den Garten mit hinausnehmen möchte. Serviert wird er mit zerstoßenem Eis, das schneller schmilzt als Würfel, weshalb der Cocktail mit jedem Schluck seinen Charakter ändert. Trotzdem sollten Sie jedes Glas immer erst kurz vorher zubereiten, denn wässeriger Schneematsch ist auch nicht der Sinn der Sache.

Zerstoßenes Eis alias Crushed Ice kann man fertig verpackt kaufen, doch mit einem sauberen Geschirrtuch und einem Nudelholz ist ein Block im Nu zurechtgehauen: einfach einwickeln und ein paarmal ordentlich draufschlagen. Allerdings nicht gleich zu Pulver hämmern, es sollen schon noch Stücke bleiben.

Zubereitung

Mit einem Schäler eine lange, dünne Gurkenschnitte schneiden (die ersten paar Streifen Schale wegwerfen). An der Glasinnenseite drapieren.

Die übrigen Zutaten, dann das zerstoßene Eis ins Glas geben und umrühren. Minze nur etwas schütteln – zerrupft oder zerstößt man sie, wird der Drink bitter. Mehr Eis dazu, dann mit Soda auffüllen. Trinkhalm und daneben ein geklatschtes Minzezweiglein hineinstecken.

Tipp

Wenn die Brombeeren reif werden, einige pflücken und in den Mix rühren. Sie färben ihn violett und geben ihm eine schöne Fülle.

RHUBARB LEAF

Zutaten

2 Stangen Rhabarber

500 g Zucker

300 ml Wasser

2 Shots (50 ml) Gin

1 Shot (25 ml) Zitronensaft

2 Himbeeren

1 Eiweiß

gekühltes Coupette-Glas

Eiswürfel

Kristallzucker zum Garnieren

Sobald es die ersten roten Rhabarberstängel auf dem Markt gibt, verspüre ich den Drang, diesen Drink zu mixen. Inzwischen gibt es gute Rhabarbersirupe zu kaufen, trotzdem schlage ich vor, dass Sie ihn selbst zubereiten. Nach dem ersten Schluck von diesem Cocktail werden Sie merken, dass sich die Mühe lohnt.

Der Rhubarb Leaf ist einer jener fruchtigen und doch lebendigen Drinks, den jeder zu mögen scheint. Das Eiweiß sorgt für eine weiche, weder zu süße noch zu saure Geschmackswolke. Man schmeckt es zwar nicht, braucht aber seine Textur, da sie den Geschmack auf der Zunge hält. Ideal sind frische Bio-Eier vom Markt. Mit dem übrigen Eigelb, etwas Sahne oder Milch und dem Sirup lässt sich Rhabarbereis zubereiten.

Zubereitung

Für den Sirup eine Rhabarberstange schneiden und mit Zucker und Wasser im Topf aufkochen. Vom Herd nehmen, abkühlen lassen, dann abseihen.

Einen knappen Shot (20 ml) Sirup mit Gin, Zitronensaft, Himbeeren und Eiweiß in einen Shaker geben. Zunächst ohne, dann mit Eis schütteln. Doppelt in ein Glas seihen (siehe Seite 27). Einen Streifen Rhabarber schneiden, in Zucker tauchen und auf das Glas legen.

Tipp

Man kann den Rhabarbersirup vor dem Seihen auch in den Mixer geben. Durch das Mixen entsteht ein konzentrierterer Sirup, der schon fast an ein Püree erinnert. Mit ihm bekommt der Cocktail eine dickere Konsistenz, während gleichzeitig die typische Rhabarbersäure stärker hervortritt.

SHERRY COBBLER

Zutaten

1 Orangenspalte

1 Würfel Ananasfleisch (ohne Schale)

1 Zitronenspalte

3 Shots (75 ml) Fino Sherry

Spritzer Zuckersirup (siehe Seite 31)

Weinglas

Eiswürfel

gekühlter Schaumwein zum Auffüllen

Beeren zum Garnieren

Minzezweiglein zum Garnieren

Puderzucker zum Garnieren

Sherry gehört zu meinen Lieblingsspirituosen, ob es sich um einen frischen, knochentrockenen Fino als Aperitif oder einen gut gereiften Amontillado bzw. Oloroso mit nussigen Noten handelt. Außerdem lässt er sich zu großartigen Cocktails verarbeiten. Mein Freund Bob und ich haben etliche Kombinationen probiert, um die idealen Paarungen zu finden. Und mit meinem Barkumpan Iain Griffiths habe ich während der Planungen zu einer Sherry-Veranstaltung tonnenweise Cocktails getestet. Aber selbst nach diesen intensiven »Recherchen« ist der Cobbler einer meiner Lieblingsdrinks geblieben. Sherry verträgt sich zudem mit vielerlei Obst und kommt mit Zitrusfrüchten genauso hervorragend zurecht wie mit Exoten aus den Tropen. Zu viel sollte man zwar nicht hineinwerfen, doch zwei, drei Sorten vom Markt sind locker drin.

Zubereitung

Das Eis in ein sauberes, trockenes Geschirrtuch wickeln und einige Male mit dem Nudelholz draufschlagen, um es etwas zu zerkleinern.

Orange, Ananas und Zitrone in einen Shaker geben und mit dem Ende des Nudelholzes leicht stößeln, sodass auch die Geschmacksstoffe aus den Zitrusschalen herausgepresst werden. Sherry, Zuckersirup und etwas zerstoßenes Eis dazugeben.

Kurz schütteln – ein paarmal vor und zurück –, dann in ein Weinglas abseihen. Mit mehr zerstoßenem Eis auffüllen und einen Spritzer Schaumwein dazugeben. Kurz umrühren, dann mit Beeren und Kräutern vom Markt garnieren und mit Puderzucker bestäuben.

Tipp

Das Geschmacksrepertoire von Sherry ist riesig. Wie er schmeckt, hängt vom Ausbau ab. Erfolgt er biologisch, also unter dem Einfluss von Florhefe, entsteht ein grünerer, trockener Fino. Reift er hingegen oxidativ, bekommt man eine rosinige, nussige Variante namens Oloroso.

Passen Sie die Frucht an die jeweilige Sherry-Variante und seine Süße an. Zitrusfrüchte können sich mit einigen dunkleren Stilen beißen, die besser mit Beeren und tropischen Früchten harmonieren.

DEADLY NIGHTSHADE

Zutaten

2 mittelgroße Auberginen

240 g brauner Zucker

8 Shots (200 ml) Wasser

Prise Meersalz

1½ Shots (40 ml) goldener Rum

knapper Shot (20 ml) Lillet blanc

1 Shot (25 ml) Zitronensaft

1 EL Rohrzuckersirup (siehe Seite 31) oder Honigwasser

1 Shot (25 ml) Eiweiß

gekühltes Coupette-Glas

Eiswürfel

Herbstabende verlangen nach opulenten, überzeugenden Drinks, die dem Wetter trotzen. Wenn der Winter noch nicht da ist, tut aber auch etwas Lebendigkeit gut – wie in diesem goldenen, süßen Rum Sour, dem idealen Herbstcocktail. Mit seiner würzigen, im wahrsten Sinne des Wortes vegetabilen Note scheint er wie maßgeschneidert für Tage, an denen die Sonne schon tief steht, die Blätter zu leuchten beginnen und ein erster kühler Hauch über das Land weht. Daneben aber macht er richtig Spaß, denn in ihm mischt eine Zutat mit, die man in Cocktails eher selten findet, die hier aber die Idealbesetzung ist. Außerdem sind die Auberginenscheibchen eine Garnierung, nach der man richtig süchtig werden kann.

Zubereitung

Für das Püree eine Aubergine längs teilen. Schnittflächen mit 20 g Zucker bestreuen. Auberginen im mittelheißen Ofen 20 Min. leicht goldgelb braten. Im Mixer mit 200 g Zucker und dem Wasser cremig pürieren. Das Püree passieren, beiseitestellen.

Die andere Aubergine längs teilen, quer in dünne Scheiben schneiden und mit dem restlichen Zucker und dem Salz bestreuen. Im Ofen bei kleiner Hitze 40 Min. knusprig und goldgelb backen; einmal wenden. Die dünneren Scheiben können sich einrollen und leicht verbrennen, schmecken aber trotzdem noch hervorragend.

Rum, Lillet blanc, Zitrone, Zuckersirup, Eiweiß und 1 Shot Auberginenpüree in einen Shaker geben und ohne Eis schütteln. Mit Eis füllen und erneut schütteln. In ein Glas doppelt abseihen und mit Auberginenscheiben garnieren.

Tipp

Auberginen in einem Cocktail? Doch, das geht! Viele Gemüsesorten werden beim Kochen, Braten oder Trocknen ziemlich süß, man kann also durchaus auch mit einigen ungewöhnlicheren Sorten experimentieren. Alles, was essbar ist, lässt sich zum Drink umfunktionieren. Ich habe einmal einen ähnlichen Cocktail mit geröstetem Blumenkohl und einer Spur Schokolade gemixt. Er schmeckte köstlich.

BRITISH 45

Zutaten

3 Stangen Sellerie

1 Himbeere

1½ Shots (40 ml)
Mr Lyan's Diamond Rickey

gekühlte Champagner-Flûte

Eiswürfel

gekühlter Champagner zum Auffüllen

Ich arbeite nun schon seit Jahren mit Iain Griffiths alias The Dude zusammen. Inzwischen sind wir ein bestens eingespieltes Team – ja, er gehört schon fast zur Familie. Bei vielen Projekten, an denen ich beteiligt war, spielte er eine maßgebliche Rolle, und wir haben zusammen etliche Drinks kreiert. Manchmal aber möchte ich ihn einfach in einer Bar besuchen und ihn bitten, mir etwas Feines zu basteln. Daher war ich überglücklich über dieses Juwel, das er mir während eines morgendlichen Treffens vorsetzte. Der British 45 enthält alles, was ein Energydrink braucht – und ist obendrein eine fröhliche Hommage an gute britische Erzeugnisse. Mein Mr Lyan's Diamond Rickey, ein vorgemixter Cocktail aus dem Handel, bereichert den Mix um eine erstaunliche Komplexität – und das mit minimalem Aufwand: Man muss lediglich die Flasche öffnen!

Zubereitung

Die Selleriestangen im Entsafter pressen. Himbeere, Mr Lyan's Diamond Rickey und 1 EL Selleriesaft in einen Shaker geben. Mit Eis schütteln, in die Flûte doppelt abseihen (siehe Seite 27), dann mit Champagner auffüllen.

Tipp

Der Mr Lyan's Diamond Rickey ist eine Mischung aus meinem eigenen Gin mit Falernum (einem gewürzten Likör mit Mandel- und Limettengeschmack), etwas Zucker und Säure sowie destillierter frischer Grapefruit und Limette.

Wer keine Flasche auftreiben kann, nimmt stattdessen einen Shot Gin (25 ml), einen EL Limettensaft und einen Spritzer Zuckersirup (siehe Seite 31) oder Falernum.

HARVEST HARF

Zutaten

½ Zitrone

2 Äpfel

3 Beutel Schwarztee

250 g Zucker

250 ml Wasser

2 Shots (50 ml) Bourbon

Highball-Glas

Eiswürfel

gekühltes Soda zum Auffüllen

Beerenmischung vom Markt zum Garnieren

Robin Honhold ist Geschäftsführer meiner Londoner Bar White Lyan. Er hat einen untrüglichen Blick für Details – kein Wunder, ist er doch studierter Mathematiker. Wie ich entstammt er der legendären Cocktailbar Bramble in Edinburgh. Kein anderer hat ein solches Gefühl für die Struktur von Drinks, was er mit seinem Harvest Harf eindrucksvoll unter Beweis stellt. Der Drink lebt von den Vorzügen marktfrischer Zutaten – hier sind es Beeren und regionale Apfelsorten, doch lässt sich das Prinzip auf die meisten anderen Früchte anwenden. Das Tannin aus dem Tee dampft die Süße etwas und sorgt zugleich für gute Länge.

Zubereitung

Für den Teesirup die Zitrone und die Äpfel in Scheiben schneiden. Eine Apfelscheibe zum Garnieren beiseitelegen. Die übrigen Zitronen- und Apfelscheiben mit den Teebeuteln, dem Zucker und dem Wasser in einen Topf geben. Aufkochen, alles behutsam zerdrücken, dann vom Herd nehmen. Abkühlen lassen. In einen kleinen Krug oder eine Flasche seihen.

Ein Highball-Glas mit Eis füllen. 2 Shots (50 ml) Bourbon und 2 Shots (50 ml) Teesirup dazugeben. Umrühren, mit Eis, dann mit Soda auffüllen. Mit Beeren und der Apfelscheibe oder einer anderen marktfrischen, für den Sirup verwendeten Frucht garnieren.

Tipp

Der Drink lässt sich auch heiß genießen. Man kann die Früchte je nach saisonaler Verfügbarkeit variieren und mit 1 Teil Sirup, 1 Teil Bourbon und 3 Teilen heißem Wasser anstelle des Sodas arbeiten. Als Trinkgefäß bietet sich ein vorgewärmter Becher an. Und das Eis muss natürlich weggelassen werden!

GARDEN BUCK

Zutaten

Handvoll Zuckerbrecherbsen

4 Shots (100 ml) Wasser

100 g Zucker

1 Stange Grünspargel

2 Shots (50 ml) Gin

knapper Shot (20 ml) Zitronensaft

kleines Highball-Glas

Eiswürfel

gekühltes Ginger Ale zum Auffüllen

Englische Gärten haben einen besonderen Geruch, der die Fantasie anregt. Nichts fasst ihren Duft meiner Ansicht nach besser zusammen als Erbsen, Minze und Spargel. Diese Zutaten erwartet man zwar in einem Cocktail nicht unbedingt, doch ausgerechnet zwei davon geben diesem Gin Buck – »Buck« ist eine alte Bezeichnung für einen Cocktail mit Ginger Ale und Zitrusfrüchten – ein erstaunliches Gemüserückgrat.

Zubereitung

Für den Erbsensirup die Erbsen, Wasser und Zucker in einen kleinen Topf geben und sprudelnd aufkochen. Vom Herd nehmen, abkühlen lassen, dann im Mixer pürieren und abseihen.

Falls der Spargel wirklich frisch ist, vom Ansatz aus lange Streifen abschälen, ansonsten mit einem Messer der Länge nach schneiden.

Das Glas mit Eis füllen, dann den Gin und den Zitronensaft dazugeben. 2 TL Erbsensirup und zwei Spargelstreifen hineingeben. Umrühren. Mehr Eis einfüllen, mit Ginger Ale auffüllen.

Tipp

Sind keine frischen Erbsen verfügbar, können auch tiefgekühlte verwendet werden. Der Spargel jedoch muss auf jeden Fall frisch sein, sonst schmeckt er nicht. Wurde er erst kurz zuvor gestochen, hat er ein einnehmend grünes Aroma, das dem Drink viel Spannung gibt. Können Sie keinen frischen Spargel bekommen, nehmen Sie stattdessen ein Minzezweiglein.

START ME UP COCKTAIL

Zutaten

2 Pfirsiche

1 Flasche Cocchi Americano

knapp 2 Shots (40 ml) Gin

2 TL Apricot Brandy

1 TL Zuckersirup (siehe Seite 31)

1 TL Aquavit

kleines gekühltes Cocktailglas

Eiswürfel

Zitrone zum Garnieren

Rob Libecans stieg in meiner Londoner Bar White Lyan ein, nachdem er mit dem Geschäftsführer Iain in Australien gearbeitet hatte. Er ist ein witziger Kerl, mit dem man viel lachen kann, doch liefert er auch einige ultraleckere Cocktails ab! Frische Pfirsiche gehören zu meinen liebsten Ingredienzen, wenn gerade Saison ist und ich sie frisch vom Markt bekommen kann – und Rob setzt sie hier in einer Kreation ein, die weit über geradlinigere Drinks hinausgeht. Wie der Name bereits andeutet, bringt einen dieser Cocktail durch seine trotz der erklecklichen Alkoholladung frische, saubere Art ordentlich in Fahrt.

Zubereitung

Pfirsiche schälen und entsteinen. Ihr Fruchtfleisch über Nacht in den Cocchi Americano einlegen, dann abseihen. Mit einem Messer einen Zitronentwist schneiden. Gin, Apricot Brandy, Zuckersirup, Aquavit und einen knappen Shot (20 ml) des Cocchi mit Pfirsichgeschmack in ein Mixglas geben. Mit Eis umrühren, in das gekühlte Cocktailglas abseihen und garnieren.

Tipp

In diesem Cocktail lassen sich allerlei Kräuter- und Steinfruchtnoten aufspüren. Sobald man die Zutaten souverän im Griff hat, kann man auch einige Elemente variieren, zum Beispiel mit saisonalen Pflaumen oder Kirschen vom Markt. Sie bereichern den Drink um einen köstlichen Akzent.

AUTUMN-SPRING SOUR

Zutaten

½ kleiner Butternut-, Hubbard- oder Delicata-Kürbis

300 ml Wasser

200 g Zucker

75 g Honig

2 Shots (50 ml) Springbank 10 Jahre (oder ein anderer Single Malt mit Salznote)

2 TL Zitronensaft

1 EL Orangensaft

6 Halme Weizengras (oder normales Gras, wenn es sauber ist!)

gekühlte Flûte

Eiswürfel

Ein weiterer erstaunlicher Cocktail mit Grünzeug, der besonders für Herbstabende geeignet ist. Es handelt sich im Wesentlichen um einen Whisky Sour. Wie der Deadly Nightshade (siehe Seite 57) enthält er eine Zutat, mit der man in einem Cocktail nicht unbedingt rechnen würde: Kürbis. Dessen Süße aber bildet ein gutes Gegengewicht zur Salznote des Whiskys. Ich gebe hier sogar die Whiskymarke vor, denn der Springbank zählt mit seinen einzigartigen Meeresnoten, die den Genussfaktor enorm erhöhen, zu meinen bevorzugten Abfüllungen. Die wenigen Weizengrashalme sorgen für eine geringe grüne Bitterkomponente. Wer kein Weizengras auftreiben kann, schießt stattdessen einen Spritzer traditionellen Bitter zu, der alles zusammenhält.

Zubereitung

Kürbis schälen, entkernen und würfeln. Mit Wasser, Zucker und Honig in einen Topf geben, sodass das Fruchtfleisch bedeckt ist. Aufkochen, 15 Min. bei kleiner Hitze köcheln lassen, dann vom Herd nehmen. Abkühlen lassen, dann alles im Mixer pürieren und durch ein Sieb passieren.

Kürbispüree umrühren und probieren – je nach Süße des Kürbisses eventuell noch einen Klecks Honig dazugeben. Dann 1 Shot (25 ml) Püree mit Whisky, Zitronen- und Orangensaft sowie dem Weizengras in einen Shaker geben. Mit Eis füllen, kräftig schütteln und doppelt in die gekühlte Flûte seihen (siehe Seite 27). Noch einen Eiswürfel hineinwerfen, damit sich der Mix besser entfalten kann.

Tipp

Interessant bereichern kann man den Mix mit weiteren grasigen Noten. Es lässt sich, wie bereits erwähnt, tatsächlich richtiges Gras verwenden oder sogar ein Grasdestillat ansetzen, wenn man zufällig ein schickes Destilliergerät zu Hause herumstehen hat!

Im Prinzip aber sind alle »grünen« Kräuter eine Bereicherung – besonders gut machen sich Estragon und Süßdolde. Sie werden ganz einfach mit hineingeschüttelt.

ROCKET TO PLATINO

Zutaten

2 Shots (50 ml) Tequila blanco (aus 100 % Agave)

1 EL grüner Chartreuse

1 EL rosa Grapefruitsaft

1 EL Limettensaft

1 EL Zuckersirup (siehe Seite 31)

kleine Handvoll frische Rucolablätter, einige davon zum Garnieren

kleines Highball-Glas

Eiswürfel

gekühltes Soda zum Auffüllen

Tequila hat ganz erstaunliche Vorzüge: Er bringt einen wieder auf Trab, wenn man noch die Folgen der Nacht spürt. Auch von diesem Cocktail darf man das vertrauensvoll erwarten, doch hat er noch eine weitere positive Seite: Er bringt den pfeffrigen grünen Biss von frischem Rucola alias Rauke zur Geltung. Man besorgt ihn sich am besten vom Bauernmarkt, denn der Supermarktware fehlt meistens die senfige Würze, die man braucht und die den Drink ausbalanciert.

Zubereitung

Rucola zerrupfen und mit allen übrigen Zutaten in einen Shaker geben. Sehr kräftig mit Eis schütteln. In ein Highball-Glas mit Eiswürfeln doppelt abseihen und mit Soda auffüllen. Mit Rucolablättern garnieren.

Tipp

Kirschen fügen sich gut in den Drink ein, doch braucht man die tiefvioletten Exemplare. Werfen Sie ein paar frische Früchte mit hinein. Auch ein Likör wie Cherry Heering funktioniert – ja sogar ein Löffel Kirschmarmelade.

FÜR SOMMERFESTE

Bei schönem Wetter wachsen sich kleine Treffen schnell zu richtigen Partys aus. Dafür braucht man Cocktails, die gut schmecken, aber in größeren Mengen angerichtet werden können. Sie enthalten reichlich saisonale Geschmacks-Highlights und sind leicht genug für heiße Tage.

WAGGLEDANCE-BOWLE

Zutaten

1 Orange

3 l kochendes Wasser

3 Zitronen

3 reife Pfirsiche

8 Shots (200 ml) Zuckersirup (siehe Seite 31)

1 Bund Minze

1 Bund Zitronenverbene

500 ml Gin

2 l naturtrüber Apfelsaft

2 Flaschen gekühlter Prosecco

Bowleschüssel und Becher

Sie gehört zu den Bowlen, die nie schal werden, denn sie ist im Nu zusammengebraut und genauso schnell getrunken. Die Geschmackskombination, von der sie lebt, funktioniert immer, doch ist der Mix trotzdem so komplex, dass auch noch ein zweiter Becher geht. Schon das Ausschenken ist schön anzusehen. Man kann mit der Menge eine ganze Gesellschaft versorgen. Ordentlich gemixt hat die Bowle wenig mit diesen Brühen gemeinsam, die auf Gartenfesten in einer Ecke in Wannen schwimmen. Man genießt die Bowle am besten draußen. Wer keine Bowleschüssel hat, kann sich auch mit einer Suppenterrine oder einem großen Topf behelfen.

Zubereitung

Für den Eisblock am Vortag die Orange in feine Scheiben schneiden und in eine leere Eisschachtel oder Ähnliches geben. Mit kochendem Wasser füllen, abkühlen lassen und über Nacht einfrieren.

Zitronen schälen, dann auspressen, Pfirsiche entsteinen und schneiden. Saft und Pfirsiche beiseitestellen. Zitronenschale, Zuckersirup und die Hälfte der Minze- und Verbenenblätter in eine Schüssel geben. Mit einem Handmixer (oder in der Küchenmaschine) mixen und durch ein Sieb passieren.

Die Sirupmischung mit dem Zitronensaft, den Pfirsichen und allen übrigen Zutaten außer dem Prosecco in die Bowleschüssel füllen. Gut verrühren, ohne die Kräuter zu zerrupfen. Den Orangen-Eisblock, dann den Prosecco dazugeben. Leicht umrühren und mit je einer Pfirsichscheibe sowie ein paar Kräuterblättern in Becher schöpfen.

Tipp

Für die Waggledance-Bowle mixt man die Schalen und Kräuter für den Sirup am besten. Das extrahiert viele Geschmacksstoffe, allerdings verblassen sie auch bald, weshalb der Sirup schnell verbraucht werden muss. Hier ist das kein Problem, weil wir ihn sowieso zur Gänze brauchen, aber wenn man ihn im Voraus zubereiten muss, blanchiert man die Kräuter 10 Sek. in kochendem Wasser, gibt sie in Eiswasser, wringt sie aus und mischt sie in den Sirup.

PASS THE BUCK

Zutaten

2 Shots (50 ml) gekühlter Buchweizentee

knapper Shot (20 ml) Grapefruitsaft

1 EL Holunderblütensirup

2 Shots (50 ml) Blended Scotch

kleines Highball-Glas

Eiswürfel

gekühltes Soda zum Auffüllen

Grapefruit zum Garnieren

Zitrone zum Garnieren

Auf Buchweizentee bin ich mit meiner Schwester Natasha und unserer »anderen Schwester« Karen gestoßen, als wir zusammen in Japan waren. Wir tranken das Zeug literweise, heiß genauso wie kalt. Ich habe gleich vermutet, dass die nussige Süße ausgezeichnet zu einem leichten Scotch passt. Buchweizentee ist streng genommen gar kein Tee, liefert aber einen angenehmen Aufguss. Man kann ihn sich in Asia-Märkten besorgen, wo er als *soba cha* etikettiert ist. Mit ihm gerät der Drink ausgesprochen erfrischend, doch kann man ihn auch warm servieren, wenn es abends etwas kühl wird. Dazu lässt man einfach Soda und Eis weg und mischt ihn mit einem zusätzlichen Quäntchen Tee, solange er noch heiß ist. Das Rezept ergibt eine Portion, aber wenn man die Mengenverhältnisse beibehält, kann man den Drink auch problemlos in einem größeren Krug zubereiten. Nur sollte man dann etwas größere Eisstücke verwenden.

Zubereitung

Einen ordentlichen Topf Buchweizentee nach der Anleitung auf der Verpackung aufgießen, abkühlen lassen und abseihen.

2 Shots (50 ml) Tee und alle anderen Zutaten außer dem Soda und der Grapefruit in das mit Eiswürfeln gefüllte Highball-Glas geben. Kurz umrühren, mit einem Spritzer Soda auffüllen und mit einer Grapefruitscheibe sowie einem Zitronentwist garnieren.

Tipp

Man kann den Cocktail auch schütteln, muss aber dann das Soda weglassen und stattdessen Eiweiß nehmen. So fällt er weicher und voller aus, ist aber dank des ausgewogenen Verhältnisses zwischen malzigen Akzenten und Zitrusnoten nach wie vor erfrischend.

PAISLEY PATTERN PITCHER

Zutaten

3 Zitronen

3 Zweiglein Estragon

6 Spritzer Orangenbitter

500 ml Compass Box Asyla
(ein leichter Blended Scotch)

4 Shots (100 ml) Holunderblütensirup

5 kleine Highball-Gläser

große Eisblöcke und Eiswürfel

gekühltes Soda zum Auffüllen

Zubereitung

Mit einem Schäler eine große, lange Zeste von der Zitrone schneiden.

Die Eisblöcke in einen 1,5-Liter-Krug geben. Zitronenzeste darin auspressen und an der Innenseite des Krugs drapieren. Estragonzweiglein, Bitter, Scotch und Holunderblütensirup dazugeben. Gut umrühren, ohne die Kräuter zu zerrupfen, und mit gekühltem Soda auffüllen. Vorsichtig umrühren, dann in Highball-Gläser mit Eiswürfeln gießen.

Tipp

Will man die Kräuternoten betonen, schießt man noch ein paar Spritzer Absinth in den Drink und garniert jedes Glas mit einem Minzezweiglein.

Ich habe ziemlich schreckliche Erinnerungen an Cocktail-Pitcher, jene großen Krüge mit wässeriger, billiger Plörre. Wenn man sich aber um eine ausgewogene Mischung bemüht, kann man tatsächlich etwas Annehmbares schaffen, das den Durst einer größeren Gruppe löscht. Verwenden sollte man größere Eisstücke, denn sie schmelzen nicht so schnell wie Würfel, sodass man Zeit hat, den Drink zu genießen, und der Geschmack sich allmählich entwickelt. Man kann den Orangenbitter weglassen oder ihn durch einen anderen Bitter ersetzen, aber er macht den Cocktail angenehm trocken und verknüpft die Zitrusnuancen. Ich habe als Whisky den Compass Box Asyla vorgeschlagen. Der leichte, cremige Blend des talentierten Unternehmensgründers John prägt den Drink nicht unerheblich, weshalb man sich die Mühe machen sollte, ihn aufzutreiben. Ansonsten tut es jeder andere zarte Blended Scotch.

INFUSIONS

Die Infusions auf den nächsten Seiten gehören zu meinen Lieblingsgemischen. Sie machen das Zusammenstellen eines schmackhaften Drinks für Sommerpartys supersimpel. Man kann sie als Geschenke in Flaschen abfüllen oder im Kühlschrank aufbewahren und mit einem Filler kombinieren, wenn Gäste reinschneien.

Es lässt sich auch unschwer ein ordentlicher Posten im Voraus zubereiten, denn der Alkohol macht die Früchte haltbar. Nachdem das Obst eine Weile – in der Regel ein paar Stunden bis zu einem Tag – im Alkohol mazeriert wurde, seiht man die Früchte ab. Dabei müssen alle Stückchen, auch die ganz kleinen, herausgefiltert werden, sonst schmeckt die Infusion nach einer Weile wie Kompott.

Sous-Vide-Infusions aus dem Wasserbad extrahieren die Geschmacksstoffe am besten, sofern man die entsprechende Ausrüstung dafür hat, aber etwas Sorgfalt und Liebe (und ein Einmachglas!) tun es genauso. Schmecken Sie immer wieder ab, denn die Geschmacksintensität hängt von den Zutaten ab.

SUMMER BERRY TEQUILA MIT GINGER ALE

Zutaten

1 Stück Ingwer

Schälchen Brombeeren

Schälchen Himbeeren

Schälchen Erdbeeren

4 Shots (100 ml) Wasser

4 Shots (100 ml) Apfelessig

100 g Zucker

1 Flasche Tequila reposado

Highball-Gläser

Eiswürfel

Ginger Ale guter Qualität zum Auffüllen

Rosmarin zum Garnieren

Selbst wenn man kein großer Freund von Tequila ist, wird man von diesem Drink nicht lassen können. Die Wärme eines ausgebauten Tequila harmoniert bestens mit Ingwer und Beeren – zusammen schmecken sie unverkennbar nach Spätsommer.

Zubereitung

Ingwer schälen und hacken. Beeren waschen, dabei von den Erdbeeren die Blätter abzupfen.

Ingwer, Beeren, Wasser, Essig und Zucker in einen Topf geben und zum Kochen bringen. Wenn sich die Beeren aufzulösen beginnen, 5 Min. köcheln, dann umrühren. Vom Herd nehmen und abkühlen lassen.

Die Beerenmischung in einen großen Krug geben, die Flasche Tequila hinzufügen, noch einmal gut umrühren. Ein paar Stunden bis einen Tag durchziehen lassen, dann abseihen. Kühl stellen.

Zum Servieren ein Highball-Glas mit Eiswürfeln füllen und 2 Shots (50 ml) der Infusion dazugeben. Mit gekühltem Ginger Ale auffüllen, umrühren und ein Zweiglein Rosmarin hineingeben.

Tipp

Hat man den optimalen Geschmack gefunden, kann man mit der Garnitur oder über die Infusion Geschmacksakzente mit einarbeiten – ich habe sogar schon Sauerteig mit einer wunderbar malzigen Note mitgekocht. Der Summer Berry Tequila begeistert mit echter Wärme, doch kann man ihn durch Anpassen der Essigmenge dezent variieren. Hervorragend funktioniert etwa Himbeeressig.

GRAPEFRUIT-ROSMARIN-GIN MIT GINGER ALE

Zutaten

3 Grapefruits

100 g Zucker

2 Zweiglein Rosmarin

1 Flasche London Dry Gin

kleines Highball-Glas

Eiswürfel

gekühltes Ginger Ale zum Auffüllen

Grapefruit zum Garnieren

Das hier ist meine persönliche Interpretation eines Gin Buck. Es mischen mit: eine meiner bevorzugten Zitrusfrüchte und eines meiner Lieblingskräuter. Ausgewogener geht nicht – die Grapefruit gibt dem Gin reichlich sauren Schwung, während Rosmarin einen kräuterwürzigen Sommerton beisteuert. Tonic wäre als Filler gut, aber Ginger Ale ist brillant.

Zubereitung

Zesten von den Grapefruits schälen.

Zesten mit Zucker, Rosmarin und Gin in einen großen Krug geben. Zucker durch Umrühren auflösen. Einige Stunden (oder bis zu einem Tag) durchziehen lassen und abseihen. Kühl stellen.

Zum Servieren ein Highball-Glas mit Eiswürfeln füllen. 2 Shots (50 ml) der Infusion dazugeben. Mit gekühltem Ginger Ale auffüllen, umrühren und eine Scheibe Grapefruit dazugeben.

Tipp

Man kann auch das gesamte Fleisch der Grapefruits in den Krug geben. Das liefert einen fülligeren Geschmack, der mit der Zeit aber langweilig werden kann. Die Zesten sind ein guter Geschmacksgeber, doch kann man dem Gin auch kombinierte Zitrusnoten zur Seite stellen: Zitrone mit Grapefruit funktioniert bei frischeren Stilen wie dem Bombay Sapphire, während Orange mit Grapefruit für wärmere, würzigere Abfüllungen wie den Tanqueray oder No. 3 passt.

PFIRSICH-SALBEI-BOURBON

Zutaten

3 Shots (75 ml) Honig (Wildblütenhonig ist ideal)

1 Flasche Bourbon

3 reife Pfirsiche

2 Zweiglein Salbei

kleines Rocks-Glas

Eiswürfel

Orange zum Garnieren

Mit diesem Drink bewegen wir uns fast auf Julep-Terrain, jedoch ist die angenehm würzig-süße Kombination mit Eis durchaus eine eigenständige Köstlichkeit. Man kann sie ganz nach Bedarf verlängern. Ihren großen Auftritt hat sie, wenn man den frühen Abend mit etwas Reichhaltigem und Süßem aufwerten will oder ihr einige Knabbereien wie geröstete Mandeln zur Seite stellt.

Zubereitung

Honig und Bourbon in einen großen Krug geben. Rühren, bis sich der Honig auflöst. Pfirsiche entkernen und mit den Kernen in den Krug geben. Salbei dazugeben und vorsichtig umrühren. Einige Stunden (oder bis zu einem Tag) durchziehen lassen. Abseihen und kühl stellen.

Rocks-Glas mit Eis füllen und 2 Shots (50 ml) der Infusion dazugeben. Einen Streifen Orangenzeste über dem Glas drehen und hineinwerfen.

Tipp

Gebratene Pfirsiche und Bourbon passen ebenfalls erstaunlich gut zusammen. Sie geben dem Drink eine etwas andere Richtung, allerdings eine nicht weniger köstliche. Dazu die Pfirsiche vorher grillen, den Cocktail ansonsten aber wie links beschrieben zubereiten. Gut funktioniert es manchmal auch, wenn man noch eine zusätzliche Geschmackskomponente mit hineinschmuggelt, etwa Zimt. Jedoch sollte man es damit nicht übertreiben.

HOLUNDER-SCHOKO-SCOTCH MIT SODA

Zutaten

15 g Kakao-Nibs

1 Flasche Blended Scotch

100 ml Holundersirup

kleines Highball-Glas

Eiswürfel

gekühltes Soda zum Auffüllen

kleiner Bund Minze zum Garnieren

In diesem Cocktail steht das Zusammenspiel zwischen blumigem Holunder und nussiger Schokolade stärker im Mittelpunkt als der Scotch. Trotzdem ist der Whisky mehr als nur Alkohollieferant. Er funktioniert wegen der Malzsüße besser als andere Spirituosen und harmonisiert den Mix durch die Getreidekomponente. Nehmen Sie aber einen relativ leichten Vertreter, damit der Geschmack für einen Highball nicht zu schwer wird – der Cocktail soll frisch und sommerlich bleiben. Deshalb funktioniert hier Holunderlikör mit seiner Pfirsich-Melonen-Note manchmal sogar besser als die Sirupvariante mit ihrer Schärfe.

Zubereitung

Die Kakao-Nibs in eine Bratpfanne geben und erhitzen. Unter ständigem Bewegen der Pfanne rösten, bis sie leicht glänzen. In einen Krug geben und den Scotch sowie den Holundersirup hinzufügen. Einige Stunden (oder bis zu einem Tag) durchziehen lassen. Durch ein Sieb abseihen und in den Kühlschrank stellen.

Zum Servieren ein Highball-Glas mit Eiswürfeln füllen und 2 Shots (50 ml) der Infusion dazugeben. Mit Soda auffüllen und mit der Minze garnieren.

Tipp

Der Drink eignet sich auch als Mojito-Variation. Dazu serviert man ihn mit 1 Shot (25 ml) Zitronensaft und ein paar Minzeblättern.

PINEAPPLE RUM MIT GINGER BEER

Zutaten

1 Flasche goldener Rum

50 g Zucker

1 Stück Ingwer

1 sehr reife Ananas

kleines Highball-Glas

Eiswürfel

gekühltes Ginger Beer guter Qualität

Limette zum Garnieren

Pineapple Rum ist ein Südseetraum. Entscheidend ist dabei, dass man einen Rum auftreibt, der mit den goldenen Tropenaromen der Frucht harmoniert. Ein ausgebauter Rum ist sehr gut – und noch besser, wenn er selbst ein fruchtiges Profil hat. Mit dem achtjährigen Bacardi oder dem fünfjährigen Plantation ist man auf der sicheren Seite, doch kann man auch zu einem grasigeren Stil wie dem Havana Club greifen, wenn das Ganze etwas weniger süß ausfallen soll.

Zubereitung

Rum und Zucker in einem Glas oder Krug mischen. Ingwer und Ananas schälen, hacken und zum gesüßten Rum geben. Einige Stunden (oder bis zu einem Tag) durchziehen lassen. Durch ein Sieb seihen und in den Kühlschrank stellen.

Zum Servieren ein Highball-Glas mit Eiswürfeln füllen und 2 Shots (50 ml) der Infusion dazugeben. Mit gekühltem Ginger Beer auffüllen, umrühren und ein paar ausgepresste Limettenspalten hinzufügen.

Tipp

Wichtig: Die Ananas sollte sehr reif sein. Wenn man an einem Blatt zieht und es sich leicht aus dem Schopf löst, ist sie genau richtig. Sie sollte auch ungeschnitten bereits reif riechen. Wenn Sie wissen, dass der Cocktail nicht alt wird (falls Sie ihn mit Freunden trinken, ist das zu erwarten, denn er schmeckt höllisch gut), mixen Sie die Frucht gleich mit dem Rum im Mixer. Ein großartiger Begleiter von Ananas ist Kardamom – die Samen einer einzigen Schote sind mehr als genug.

ST CLEMENTS COGNAC MIT GINGER BEER

Zutaten

100 g Zucker

1 Flasche Cognac

3 Zitronen

2 Orangen

1 Sternanis

kleines Highball-Glas

Eiswürfel

gekühltes Ginger Beer guter Qualität

Zitrone zum Garnieren

Besorgen Sie sich einen relativ leichten Borderies-Cognac VS oder VSOP, um die fruchtigeren Zitrusnoten in den Mittelpunkt zu rücken. Das Ginger Beer steuert eher abendliche Wärme bei – wird das nicht gewünscht, kann man auch einen leichteren Filler zum Einsatz bringen.

Zubereitung

Zucker und Cognac in einen großen Krug geben und umrühren, bis sich der Zucker aufgelöst hat. Zitrusfrüchte in lange Stücke schneiden und mit dem Sternanis dazugeben. Ein paar Stunden (oder bis zu einem Tag) durchziehen lassen, dann abseihen. Kühl stellen.

Highball-Glas mit Eiswürfeln füllen und 2 Shots (50 ml) Infusion dazugeben. Mit Ginger Beer auffüllen, umrühren und eine Zitronenspalte dazugeben.

Tipp

Man kann die Zitrusschalen auch zu einer marmeladigen Konsistenz kochen, falls man einen intensiveren Geschmack wünscht. Dazu schneidet man sie klein und kocht sie mit dem Zucker und einem Spritzer Wasser. Wer sich dafür entscheidet, trocknet einige Zitrusschnitten bei kleiner Hitze über Nacht im Ofen knusprig, um sie zum Garnieren zu nutzen. Für diese schwerere Version des Drinks braucht man allerdings einen dunkleren, ledrigeren Cognac.

RHABARBER-BIRNEN-KARDAMOM-WODKA MIT FRISCHER LIMONADE

Zutaten

100 g Zucker

1 Flasche Wodka

1 grüne Kardamomschote

1 schwarze Kardamomschote

1 Stange Rhabarber

2 Birnen

kleines Highball-Glas

Eiswürfel

Zitrone zum Auffüllen

gekühltes Soda zum Auffüllen

Für einen leichten, frischen Stil lassen Sie alles in einem großen Krug durchziehen. Oder Sie lassen das Ganze länger einwirken und seihen es zu einem aromatischen rosa Drink ab. Schwarzer Kardamom gibt der grünen Variante Eukalyptusschwung. Birne und Rhabarber ergeben mit dem Zitrusschwung der Limonade einen angenehm säuerlichen Erfrischer.

Zubereitung

In einem großen Krug den Zucker in den Wodka einrühren. Kardamomschoten leicht zerdrücken und in einer Bratpfanne bei kleiner Hitze anrösten, bis sie ihr Aroma freigeben, dann dem Wodka beigeben.

Rhabarber und Birnen schneiden, zum Mix hinzufügen und ein paar Stunden (oder bis zu einem Tag) durchziehen lassen. Durch ein Sieb abseihen und in den Kühlschrank stellen.

Zum Servieren ein Highball-Glas mit Eiswürfeln füllen und 2 Shots (50 ml) der Infusion dazugeben. Eine halbe Zitrone in das Glas pressen, umrühren und mit gekühltem Soda auffüllen. Bei Bedarf mit einem Spritzer Zuckersirup abrunden.

Tipp

Falls Sie es kräftiger mögen, können Sie die Birnen und den Rhabarber auch in etwas Zuckerwasser kochen. Dazu gibt man die Mischung in eine Pfanne und erhitzt sie auf kleiner Flamme, bis sich der Rhabarber auflöst. Abkühlen lassen, abseihen, zum Wodka geben und wie im Rezept links beschrieben weiter verfahren.

BELVEDERE

JULEP

Wie mixt man einen Julep? Darüber wird viel debattiert. Aber hier finden Sie die einfachste und schmackhafteste Art und Weise, Ihre Familie und Freunde mit dem Klassiker zu versorgen.

Juleps waren ursprünglich als kühlende Drinks für den frühen Abend gedacht. Die frische Minze fand nach und nach ihren Weg in den Bourbon, während das zerstoßene Eis langsam schmolz. Dessen Konsistenz macht den Julep auch so interessant. Er sollte süß und nett anheben und mit dem dahinschmelzenden Eis allmählich weicher werden. Sorbetfeines Eis ist zu viel des Guten – zerstoßen Sie einfach einen Posten frisches Eis, damit der Drink eine schöne Reise vom ersten zum letzten Schluck macht.

MINT JULEP

Zutaten

1 Bund Minze

1 frischer Pfirsich (oder die Kerne von 2 Früchten – siehe *Tipp*)

100 g Zucker

1 Flasche Bourbon

2 Stück Gewürzrinde

6 gekühlte Metallbecher

Eiswürfel

Minze zum Garnieren

Das ist meine Lieblingsversion des Klassikers. Minze und süßer Bourbon sind bewährte Kühlelemente, die vom Pfirsich und der Gewürzrinde hervorragend akzentuiert werden. Man sollte die ganze Menge in einem zubereiten und dazu einige kleine Becher aus Metall (am besten Zink) im Kühlschrank griffbereit haben. Wenn Freunde aufschlagen, wird flugs etwas Eis zerstoßen, ein ordentliches Maß eingegossen und ein wenig frische Minze geklatscht, damit sie ihren Duft freigibt. Wer zu den Glücklichen gehört, die einen Garten besitzen, sollte sowieso eine Portion frisch gekühlt bereithalten. Für alle, die gern mit einem Drink in der Sonne chillen, gibt es nichts Besseres.

Zubereitung

Minze waschen und putzen, braunes Laub entsorgen. Pfirsich entkernen.

Zucker und Bourbon in einem großen Krug mischen, Pfirsich und Gewürzrinde dazugeben. Minzezweiglein mit der Oberseite nach unten hineinstecken. Vorsichtig umrühren, ohne die Minze zu zerrupfen. Im Kühlschrank 3 Std. durchziehen lassen, dann erneut umrühren und abseihen.

Zum Servieren Eiswürfel in ein sauberes Küchentuch einschlagen und mit einigen ordentlichen Schlägen mit dem Nudelholz (oder einem ähnlichen Utensil, das etwas aushält) zerstoßen. Das Eis sollte so weit zerkleinert werden, dass es rasch schmilzt, darf aber nicht so grießig werden, dass man den Drink zu rasch hinunterschütten muss.

Das zerstoßene Eis in einen kühlen Becher geben und 3 Shots (75 ml) der Mischung hinzufügen. Gut verrühren, jedoch nicht zu stark, sonst lässt der Drink zu schnell nach. Mit mehr Eis auffüllen. Ein paar Trinkhalme dazugeben, einen großen Bund Minze klatschen und die Zweiglein neben die Trinkhalme stecken.

Tipp

Achten Sie darauf, dass keine braunen oder zerrupften Minzeblätter in den Drink gelangen. Die Enzyme von nicht ganz frischem Laub und das Chlorophyll, das über zerrissene Blätter in den Cocktail gelangt, verursachen einen bitteren Nachgeschmack. Wer es nussiger mag, gibt Pfirsichkerne mit einem Rest anhaftendem Fleisch hinein: Sie sorgen für eine einnehmende Mandelnote, die dem Bourbon guttut.

GULAB JULEP

Zutaten

1 Flasche Wodka

1 TL Rosenwasser

100 g Kristallzucker

1 Bund Minze

15 g Kakao-Nibs

6 gekühlte Metallbecher

Eiswürfel

Minze zum Garnieren

Beim Blick auf die Zutatenliste könnte man meinen, diese Julep-Version sei ein arges Zuckerwasser. In Wirklichkeit jedoch präsentiert sie sich als einnehmend sauberer Drink, der sich die unerlässliche Kühlwirkung bewahrt. Rosenwasser allerdings sollte man mit Zurückhaltung einsetzen: Bei so intensiven Ingredienzen – insbesondere blumigen, die in höherer Dosierung wie Potpourri schmecken – ist weniger mehr. Eine sorgfältige Auswahl ist bei der Spirituose ratsam: Viele glauben, Wodka sei Wodka, aber hochwertige Brände (und natürlich sollte man immer das Beste verwenden, was man bekommen kann) lassen viele Nuancen erkennen. Wenn Sie auf einen aus Kartoffeln gebrannten Vertreter wie den Luksusowa oder Chase setzen, bekommen Sie eine cremigere Version des Gulab Julep, während Getreidebrände wie der Ketel One, Belvedere oder Grey Goose bis zum Schluss eine nussige Marschroute beibehalten.

Zubereitung

Wodka, Rosenwasser und Zucker in einen Krug geben und verrühren, bis sich der Zucker aufgelöst hat.

Minze waschen und braune Blätter herauszupfen. Kakao-Nibs in einer Pfanne ohne Öl leicht glänzend rösten, dann mit der Minze in den Krug geben. Im Kühlschrank 3 Std. durchziehen lassen, wieder umrühren und abseihen.

Zum Servieren frisches Eis in ein Geschirrtuch einschlagen und mit dem Nudelholz oder einem ähnlichen Mordwerkzeug zertrümmern.

Das Eis sollte wie bei allen Juleps nur zerkleinert und nicht fein zermahlen werden, da es sonst zu schnell schmilzt und man im Nu mit einem Glas Wasser in der Hand herumsteht.

Das zerstoßene Eis in einen gekühlten Becher füllen und 3 Shots (75 ml) der Mischung dazugeben. Leicht umrühren (nicht zu viel, sonst erreicht der Drink zu schnell seinen Höhepunkt) und mehr Eis dazugeben. Trinkhalme hineinstecken, einen großen Bund Minze klatschen und dazugeben.

Tipp

Eine Drehung der Pfeffermühle über dem Becher bringt Pep in den Drink. Zu viel reizt zwar zum Niesen, doch etwas aromatische Schärfe ergänzt den Rosen- und Minzeduft ausgezeichnet.

DEATH BY JULEP

Zutaten

1 Bund Minze

3 Zweiglein Oregano

100 g Vollzucker

1 Flasche Tequila reposado

6 gekühlte Metallbecher

Eiswürfel

Minze zum Garnieren

Tequila ist ein super Essensbegleiter. Als ich einmal mit meinem Kochkollegen Shay an einem mexikanischen Restaurantprojekt namens Death by Burrito mitwirkte, war der Death by Julep unser Markenzeichen. Er besitzt ähnliche Geschmacksnoten wie viele der Gerichte, die wir anboten, aber die Frische der Minze behauptet sich gegenüber einigen der schärferen Gewürztöne. Ich koche nicht scharf (nie – da bin ich ein echtes Weichei), doch ein Touch Chili in diesem Mix passt sogar sehr gut.

Zubereitung

Minze und Oregano waschen, dabei braune Blätter herauszupfen. In einem Krug den Zucker in den Tequila rühren, bis er sich aufgelöst hat. Minze und Oregano mit den Stängeln nach oben hineingeben. Im Kühlschrank 3 Std. durchziehen lassen, erneut umrühren und durch ein Sieb abseihen.

Zum Servieren etwas frisches, trockenes Eis in ein Geschirrtuch einschlagen und mit einem Nudelholz oder etwas ähnlich Robustem zertrümmern. Ein paar Schläge reichen; das Eis sollte nur etwas zerkleinert werden, damit es rasch schmilzt, aber nicht so stark, dass der Drink zu schnell wässerig wird.

Das zerkleinerte Eis in einen kühlen Becher füllen und 3 Shots (75 ml) der Mischung dazugeben. Vorsichtig umrühren (nicht zu stark, sonst lässt der Drink zu schnell nach). Eis nachfüllen, Trinkhalme hineinstecken, einen großen Bund Minze klatschen und neben die Halme in den Becher geben.

Tipp

Tequila wird gern verkannt. Probieren Sie unterschiedliche Varianten wie Blanco, Reposado oder Añejo und auch mehrere Marken aus. Ein kräftiger, junger Tequila wie der Tapatio Blanco liefert einen eher pfeffrigen Cocktail, während ältere Semester wie der Siete Leguas Reposado weichere, goldenere Drinks ergeben.

DRAUSSEN GENIESSEN

Sonnige Sommertage kommen dem Paradies schon sehr nahe. Um das i-Tüpfelchen zu setzen, hält man ein Arsenal bittersüßer Drinks – sie sind die idealen Aperitifs – und beseelte, frische Anschlusscocktails bereit. Allerdings sollten sie leicht bleiben, schließlich wollen Sie den Abend bis zum Schluss genießen!

AMERICANO

Zutaten

etwas mehr als 1 Shot (30 ml) gekühlter Campari

etwas mehr als 1 Shot (30 ml) gekühlter süßer Wermut

Highball-Glas

Eiswürfel

gekühltes Soda zum Auffüllen

Zweiglein Rosmarin zum Garnieren

Wenn der frühe Abend anbricht und Sie wissen, dass ein ausgedehntes Essen vor Ihnen liegt, brauchen Sie einen Americano. Er ist schnell gemacht und der perfekte leichte, bittersüße Aperitif. Am besten funktioniert ein körperreicher, süßer Wermut, doch kann man je nach Laune genauso gut eine andere Spielart nehmen. Ich würde nicht gerade zu den bitteren Vertretern wie einem Punt e Mes greifen, da bereits der Biss des Campari durchschimmert und es sonst zu viel des Guten wird. Der angekohlte Rosmarin ist ein simples Dekor, erzeugt jedoch ein Aroma, das sich perfekt in den Drink einfügt und mich an Grillfeste in der Sonne erinnert. Das Soda muss frisch sein – ein ordentliches Prickeln ist Pflicht.

Zubereitung

Rosmarinzweiglein am Ansatz festhalten und vorsichtig über eine Flamme halten, sodass die Blätter leicht angekohlt werden, bis sie rauchen und ihren aromatischen Duft verströmen.

Ein schmales Highball-Glas mit Eiswürfeln füllen. Den Campari und den Wermut dazugeben. Umrühren, noch mehr Eis hinzufügen, mit Soda auffüllen und das angekohlte Zweiglein hineinstecken.

Tipp

Man kann Campari und Wermut in gleichen Anteilen schon vorab mixen und in eine Flasche füllen, wenn man eine größere Anzahl Gläser zurechtmachen muss. Lagern Sie die Flasche mit etwas Soda in einem Eiskübel.

BICYCLETTA

Zutaten

2 Zitronen

500 ml kochendes Wasser

4 Shots (100 ml) Weißwein (eine ansprechende, trockene Abfüllung)

etwas mehr als 1 Shot (30 ml) Campari

Weinglas

große Eiswürfel oder Zitroneneis (*siehe* Zubereitung)

Orange zum Garnieren

Der ideale Drink für den frühen Abend mit ein, zwei Freunden in einer chilligen Umgebung. Einzige Voraussetzung: Ein Kühlschrank und ein Gefrierfach sollten in Laufweite sein. Ich habe mich hier für eine einfache Kombination aus trockenem Weißwein und Campari entschieden und ihr mit dem Zitroneneis eine überraschende Wendung gegeben. Während das Eis schmilzt, öffnet es den Drink und bereichert jeden Schluck um eine lebendige Facette. Der Cocktail ist megaleicht zu mixen – man sollte lediglich einige Zutaten schon am Vortag vorbereiten.

Zubereitung

Für das Zitroneneis einige Zitronen mit einem Kartoffelschäler schälen und die Schale in kochendes Wasser geben. Abkühlen lassen, dann abseihen. In eine Eiswürfelschale oder in Silikonformen geben und einfrieren. Um die Eiswürfel optisch aufzupeppen, kann man in jedes Würfelfach ein Stückchen Zitronenschale geben.

Mit einem Schäler eine Orangenzeste schneiden.

Etwas Zitroneneis (oder Eiswürfel) in ein Weinglas geben, Wein und Campari dazugießen und kurz umrühren. Die Orangenzeste über dem Glas auswringen und hineinwerfen.

Tipp

Bereichern kann man den Drink mit einem Quäntchen Fruchtlikör (etwa ein Teelöffel reicht) wie zum Beispiel Cointreau, Cassis oder auch Birnenlikör. Der Wein aber muss klar und trocken sein, damit der Cocktail nicht zu dicklich ausfällt.

DIAMOND RICKEY

Zutaten

2 Shots (50 ml) Mr Lyan's Diamond Rickey

gekühltes Fevertree Mediterranean Tonic

Tumbler

Eiswürfel

Grapefruit zum Garnieren

Thymian zum Garnieren

Minze zum Garnieren

Rosmarin zum Garnieren

Nichts geht über einen guten Gin Tonic zum Tagesausklang. Der scharfe Gin und der Biss des Tonic entwickeln sich langsam und vertreiben die Sorgen des Tages. Diese einfache Version gibt den letzten Minuten vor dem Zubettgehen etwas Magisches. In meinem Diamond Rickey wird der Gin von destillierter Grapefruit und Limette sowie einem Hauch Falernum (ein leichter Limetten- und Mandellikör) bereichert, sodass sich ein facettenreicher Drink ergibt. Das Mediterranean Tonic von Fevertree wiederum ist für den schönen Kräuterbiss zuständig.

Zubereitung

Glas mit Eiswürfeln füllen, den Rickey dazugeben und mit Tonic auffüllen. Mit einer Scheibe Grapefruit sowie je einem Zweiglein Thymian, Minze und Rosmarin garnieren und noch ein paar entspannte Minuten genießen.

Tipp

Wer keinen Diamond Rickey vorrätig hat, ersetzt ihn durch 2 EL Gin, 1 EL Limettensaft und einen Spritzer Zuckersirup. Falls Sie die Mediterranean-Version des Fevertree nicht auftreiben können, nehmen Sie ein anderes Tonic oder Bitter Lemon.

BOTTLED COSMO

Zutaten

1 Zitrone

3 Limetten

4 Shots (100 ml) Cranberrysaft

300 ml Zitruswodka

8 Shots (200 ml) Cointreau

1 TL Orangenbitter

2 Lorbeerblätter (frisch oder getrocknet)

Flasche

Highball-Glas

Eiswürfel

gekühltes Ginger Ale zum Auffüllen

Orange zum Garnieren

einige Zweiglein Lavendel zum Garnieren

Wenn Sie Freunde wie ich haben, kann ein Treffen zu Hause zu einer organisatorischen Herausforderung werden. Daher lohnt es sich, so viele Schwierigkeiten wie möglich aus dem Weg zu räumen. Der Bottled Cosmo ist eine sehr willkommene Variante des Cosmopolitan, der allen zu schmecken scheint. Der knackige, trockene und dennoch fruchtige Mix ist schnell zusammengestellt. Nehmen Sie einfach die Flasche mit etwas Eis, Gläsern und gekühltem Ginger Ale nach draußen und sagen Sie allen, dass sie sich bedienen sollen.

Zubereitung

1 Zitronen- und 3 Limettenzesten abschälen. Limetten auspressen.

Schalen, Zitrus- und Cranberrysaft, Spirituosen, Bitter und Lorbeerblätter in einen Krug geben. Mindestens 10 Min. durchziehen lassen, dann abseihen und in eine gespülte Flasche umgießen. Verschließen und kühl stellen.

Zum Servieren ein schmales Highball-Glas mit Eis füllen und 2 Shots (50 ml) der Bottled-Cosmo-Mischung dazugeben. Mit einem Schäler einen Streifen Orangentwist schälen. Glas mit gekühltem Ginger Ale auffüllen und mit dem Orangentwist sowie einem Lavendelzweiglein garnieren.

Tipp

Die Menge reicht aus für 8 bis 10 Leute. Der Mix hält sich gekühlt zwei Tage. Falls man Zeit hat, ihn samt Schalen und Lorbeerblättern einige Stunden durchziehen zu lassen, umso besser.

MULBERRY SMASH

Zutaten

2 TL Maulbeerkonfitüre

2 Shots (50 ml) Gin

1 Shot (25 ml) Zitronensaft

8 Minzeblätter

Rocks-Glas

Eiswürfel

zerstoßenes Eis

Minze zum Garnieren

Heidelbeeren oder Maulbeeren zum Garnieren

Mit selbst gemachten Sirupen bereichert man seine Drinks leicht und praktisch um interessante Geschmacksnuancen (siehe Seite 31). Aber auch mit Leckereien aus der Speisekammer kann man viele einzigartige Alternativversionen zaubern. Konfitüre versteht sich vielleicht von selbst, sie ist sogar eine ausgezeichnete Zutat für Cocktails. Ich habe kürzlich entdeckt, wie gut sich Maulbeerkonfitüre mit ihrer schönen, nicht zu aufdringlichen Vanille-Beeren-Süße eignet. Je nachdem, wie süß oder – bei Zitronenmarmelade – sauer das Eingemachte ist, muss vielleicht sogar noch ein Löffel Zucker hinzugefügt werden. Wie der Name Mulberry Smash – wörtlich etwa »Maulbeer-Mansch« – andeutet, werden alle Zutaten für den Drink wahllos zusammengeworfen. Deshalb serviert man ihn mit zerstoßenem Eis, das für eine ordentliche Entfaltung des Geschmacks und Verdünnung des Breis sorgt.

Zubereitung

Konfitüre in einem Shaker in den Gin rühren, dann die restlichen Zutaten dazugeben und mit Eis kräftig schütteln.

In ein Rocks-Glas mit zerstoßenem Eis doppelt abseihen (siehe Seite 27). Mit einem Minzezweiglein und einigen Heidelbeeren (oder Maulbeeren, falls Sie welche auftreiben) garnieren.

Tipp

Als Basis eignen sich viele Spirituosen, weshalb sich der Alkohol je nach der verwendeten Konfitüre variieren lässt. Überhaupt kann man alle Zutaten an die Konfitüren anpassen, die gerade im Kühlschrank greifbar sind, und mit zusätzlichen Nuancen experimentieren, um die richtige Kombination zu finden.

PEACH & VERBENA SMASH

Zutaten

1 Pfirsich

2 Zweiglein Zitronenverbene

1 Shot (25 ml) Zitronensaft

1 EL Zuckersirup (siehe Seite 31)

etwas mehr als 2 Shots (60 ml) weißer Rum

Rocks-Glas

Eiswürfel

Ich finde es schön, Zitronenverbene im Garten zu haben. Das Kraut mit Zitronengeschmack lässt sich problemlos anbauen und zu einer vorzüglichen Infusion verarbeiten. In diesem Cocktail hat die Zitronenverbene ihren großen Auftritt als Partnerin eines frischen Pfirsichs. (Sie merken schon: Pfirsiche kommen in diesem Buch häufig vor – ich versuche sie einzusetzen, sobald ich ihrer habhaft werden kann.) Dieser Smash mit Pfirsich und Verbenen zählt im Grunde zu den White Rum Sours, bringt jedoch beste frische Zutaten ins Spiel. Ich schlage vor, dass Sie sich eine kleine Zitronenverbene besorgen; sie gedeiht sogar auf Fensterbrettern – und bereichert nicht nur Cocktails und Tees, sondern kann obendrein als Zutat für allerlei pikante und süße Gerichte verwendet werden. Man bekommt sie aber auch portionsweise im Handel.

Zubereitung

Pfirsich entsteinen und eine Schnitte zum Garnieren beiseitelegen.

Etwas Eis in ein Geschirrtuch einschlagen und zerkleinern.

Die Hälfte des Pfirsichs in einem Shaker muddeln. 1 Verbenenzweiglein, Zitronensaft, Zucker und Rum dazugeben. Mit den Eiswürfeln kräftig schütteln – Pfirsich und Verbenen sollten fast püriert werden. In ein mit zerstoßenem Eis gefülltes Rocks-Glas doppelt abseihen (siehe Seite 27). Mit der Pfirsichschnitte und dem zweiten Verbenenzweiglein garnieren.

Tipp

Falls Sie einen Mixer herumstehen haben, können Sie das Ganze mit einer Handvoll zerstoßenem Eis mixen. So wird eine Art alkoholhaltiges Sorbet daraus, das an einem heißen Tag richtig gut schmeckt.

RAINY DAY SPRITZ

Zutaten

1 Shot (25 ml) Mr Lyan's Rainy Day Spritz

2 Shots (50 ml) trockener Weißwein

Weinglas

Eiswürfel

2 Shots (50 ml) gekühltes Soda zum Auffüllen

2 Himbeeren zum Garnieren

Grapefruit zum Garnieren

Diesen Cocktail habe ich bei meinem Vater an der Küste in der Grafschaft Devon getrunken, als wir ungewöhnlich schönes Herbstwetter hatten. Er ist ideal für den Spätnachmittag, wenn nur noch wenig Zeit bleibt, sich draußen etwas Erfrischendes zu gönnen. Braucht man den Spritz für einen festlicheren Anlass, nimmt man statt einem Weißen besser Schaumwein. Mit beiden Zutaten aber schmeckt er nach Sommer und beschwört noch einmal heiße Tage herauf, wenn man bereits die meiste Sonne des Jahres gesehen hat.

Ich habe meine vorgefertigten Cocktails in Flaschen auf den Markt gebracht, damit man echte Drinks an unterschiedlichen Schauplätzen genießen kann, ohne viel Zeit für deren Zubereitung opfern zu müssen. Zugleich sind sie aber auch eine hervorragende Basis für weitere Cocktails und für sich genommen bereits komplexe Mischungen, sodass man nicht mehrere Flaschen herumschleppen muss. Gerade mit Mr Lyan's Rainy Day Spritz hat man nicht mehr viel zu tun: Er findet ein schönes Gleichgewicht zwischen Himbeeren, Rhabarber und Wermut und bleibt gleichzeitig optimal trocken.

Zubereitung

Mit einem Schäler eine Grapefruitzeste schneiden.

Das Weinglas mit Eis füllen und den Spritz sowie den Wein hinzufügen. Umrühren, mehr Eis dazugeben und mit Soda auffüllen. Mit den Himbeeren und der Zeste garnieren.

Tipp

Wenn man keine Flasche meines Rainy Day Spritz auftreiben kann, verwendet man Aperol oder alternativ Wermut im Verbund mit einem Himbeerlikör.

APERITIFS

Sind Freunde zum Essen eingeladen, serviert man ihnen einen Drink, der sie nicht gleich aus den Schuhen kippen lässt, kaum dass sie zur Tür herein sind. Stattdessen soll er ihren Gaumen – und Magen – auf die Köstlichkeiten einstimmen, die Sie in der Küche vorbereitet haben.

LIQUORS
LIQUORS
ONE WAY

GIN BASIL FIX

Zutaten

1 Zweiglein Thai-Basilikum

1 Shot (25 ml) Gin

1 Shot (25 ml) Crème de Poire

1 EL Zitronensaft

kleines Highball-Glas

Eiswürfel

gekühltes Soda zum Auffüllen

Dieser Fix ist ein hervorragender Aperitif-Cocktail: schwungvoll, frisch und wie gemacht für alle, die einen großen Bogen um bittere Drinks machen. Erfunden wurde er auf der Dachterrasse der New Yorker Wohnung meiner Schwester Natasha vor einem Abendessen. Sie hatte dort einen kleinen Garten, in dem einige leckere Küchenkräuter in der Sonne gediehen, darunter auch ein außerordentlich scharfes Thai-Basilikum. Thai-Basilikum ist Anis ähnlicher als seinem europäischen Verwandten und harmoniert daher hervorragend mit dem Gin und dem Birnenlikör. Ich liebe diesen Aperitif, weil er so sauber ist – und sich bestens für unser Essen mit einem meiner engsten Freunde, dem unglaublich guten Koch Seamus Mullen, eignete. Es ist übrigens reiner Zufall, dass er nun im Apartment von Natasha wohnt.

Zubereitung

Das Basilikum leicht klatschen (ohne es zu verletzen bzw. zu zerrupfen), um sein Aroma freizusetzen, dann in das Highball-Glas geben.

Gin, Crème de Poire und Zitrone hinzufügen. Vorsichtig rühren, dann mit Eiswürfeln auffüllen. Umrühren, das Basilikum mit einem Löffel vom Boden nach oben holen und alles mit einem Spritzer Soda krönen.

Tipp

Ein kleiner Spritzer Absinth leistet der Anisnote des Basilikums geschmacklich Beistand. Am besten verwendet man eine Tropf- oder kleine Sprühflasche und befeuchtet das Glas nur leicht – weniger ist hier mehr. Falls man kein Thai-Basilikum bekommt, findet man in normalem Basilikum einen würdigen Ersatz. Man kann den Drink sogar mit einem ganz anderen Kraut, etwa Koriander, ausprobieren.

BLOODY EARNEST

Zutaten

1 kleine Tomate, etwa eine Kirschtomate oder eine Pomodorino, plus 1 weitere zum Garnieren

1 knapper Shot (20 ml) roter Grapefruitsaft

2 TL Limettensaft

2 TL Zuckersirup (siehe Seite 30)

1 TL Maraschino

etwas mehr als 2 Shots (60 ml) weißer Rum

gekühlte Coupette

Eiswürfel

Grapefruit zum Garnieren

Noch ein Cocktail, der in der Wohnung meiner Schwester Natasha entstand – in diesem Fall, um die von ihr angebauten erstaunlichen Tomaten optimal zu nutzen. Zum Schluss wurde ein angenehm forscher Aperitif daraus, eine Neuinterpretation des Hemingway Daiquiri mit anhaltend würziger Note. Die roten Grapefruits fügen sich ausgezeichnet ein, doch falls man keine auftreibt, tun es ihre rosa Vettern auch. Auf die Tomaten können Sie außerhalb ihrer Saison allerdings verzichten, denn wenn ihnen der süßsaure Kick fehlt, gehören sie erst gar nicht in den Drink.

Zubereitung

Eine schmale Zeste von der Grapefruit schälen und beiseitelegen.

Tomate im Shaker muddeln, dann die übrigen Zutaten hinzufügen.

Mit Eis füllen und kräftig schütteln. In ein gekühltes Coupette-Glas doppelt abseihen (siehe Seite 27). Grapefruitzeste über dem Glas auspressen und Drink mit einer Tomate garnieren.

Tipp

Daiquiris müssen eisig sein, schütteln Sie den Bloody Earnest daher wie der Teufel. Man darf zusätzlich zerstoßenes Eis in den Shaker geben, das macht den Drink noch kälter. Außerdem kann man den Shaker in ein Geschirrtuch wickeln, damit die Hände nicht erfrieren – die Außenseite sollte beschlagen.

Wer keine guten Tomaten findet, kann getrocknete Olivenblätter nehmen – sie sorgen für eine ähnlich pikante Note.

WERMUT-COCKTAIL

Zutaten

1 TL Zitronenblütensirup

1 TL Himbeersirup

1 Spritzer Orangenbitter

1 Spritzer Angosturabitter

etwas mehr als 1 Shot (30 ml) Cocchi Americano, Lillet blanc oder trockener Wermut

etwas mehr als 1 Shot (30 ml) Martini rosso oder süßer Wermut

gekühltes Cocktailglas

Eiswürfel

Zitrone zum Garnieren

Wermut sollte man immer im Haus haben, nicht nur weil er sich so gut als Aperitif oder Essensbegleiter eignet. Cocktails wie diese kann man nutzen, um den Wermut zu verwerten, solange er noch frisch ist (man sollte ihn auch immer im Kühlschrank lagern). Den Zitronenblütensirup bereite ich mir übrigens selbst zu. Dazu nehme ich die Blüten meines Zitronenbäumchens – man darf aber nicht alle Blüten abzwicken, sonst bekommt man keine Zitronen. Wer kein solches Gehölz herumstehen hat, verwendet einfach eine Zitronenzeste. Auch Himbeersirup kann selbst hergestellt werden. Dazu legt man ein Schälchen Himbeeren in frisch gekochtem Zuckersirup ein, während er abkühlt, und passiert anschließend alles durch ein Sieb. Es gibt inzwischen aber auch einige sehr gute Abfüllungen zu kaufen.

Zubereitung

Sämtliche Zutaten in ein Mixing-Glas geben, rühren, mit Eiswürfeln auffüllen und noch einmal 20 Sek. rühren. Einen kleinen Streifen Zitronenschale zurechtschneiden. Dann alles in ein gekühltes Cocktailglas abseihen und die Schale über dem Glas drehen.

Tipp

Dieser herrlich erfrischende Cocktail kann endlos variiert werden. Man kann es statt mit Wermut mit Sherry oder einem anderen gespriteten Wein probieren, die Sirupe oder Bitters durch andere Marken austauschen oder auch Kräuter und Gewürze mit einrühren. Überlegen Sie, welches Essen Sie dazu servieren, und schon haben Sie die entsprechenden Anregungen.

REPOSADO HIGHBALL

Zutaten

1 ½ Shots (40 ml) Tequila reposado

1 EL Lillet blanc

1 Spritzer Angosturabitter (nach Belieben)

kleines Highball-Glas

Eiswürfel

gekühltes Ginger Ale zum Auffüllen

Minzezweiglein zum Garnieren

Der Mix dient sich als Begleiter leichter Snacks an, funktioniert aber auch hervorragend als Cocktail für den frühen Abend. Während er schmilzt, tun sich viele verborgene Nuancen auf. Er ist ein goldener Highball, der die süße Würze eines leicht ausgebauten Tequila sehr gut herausziseliert. Halten Sie Ausschau nach einer Abfüllung, welche aus »100 % Agave« gebrannt und mit dem Zusatz »reposado«, also ausgebaut, gekennzeichnet ist – und nicht nur einer, die lediglich goldgelb ist. Den Unterschied kann man deutlich schmecken.

Zubereitung

Das Highball-Glas mit Eis füllen. Tequila und Lillet blanc (sowie den Bitter, falls man einen trockeneren Drink bevorzugt) dazugeben. Rühren, mehr Eis hinzufügen und mit dem Ginger Ale auffüllen. Minze klatschen und zusammen mit einem Trinkhalm ins Glas stecken.

Tipp

Der Lillet blanc ist ein Aperitif auf Weinbasis, der perfekt zu Tequila passt. Man kann ihn aber trotzdem ersetzen, zum Beispiel durch etwas Leichtes oder Kräuterwürziges. Kamm & Sons, Suze, trockener Wermut oder Cocchi Americano funktionieren alle überraschend gut und bringen genau den appetitanregenden Biss mit, den man von einem Aperitif erwartet!

BITTER BUBBLES

Zutaten

1 Grapefruit

1 EL Campari

gekühlte Flûte

gekühlter Champagner zum Auffüllen

Grapefruit zum Garnieren

Bläschen und Bitterstoffe sind genau die Ingredienzen, die ein Aperitif braucht, wenn er gut zu Snacks, Canapés und Knabbereien passen soll. Man serviert ihn am besten gleich nach der Ankunft der Gäste. Die Kombination blickt auf eine lange Geschichte zurück, in deren Verlauf die Hauptingredienzen unzählige Male leicht variiert wurden. Manch ein Klassiker basiert auf ihr, doch bisweilen reicht es auch aus, alles auf das Wesentlichste zu reduzieren. Man kann den Drink mit Zutaten abwandeln, die gerade greifbar sind oder zu den gereichten Speisen passen. Gut fahrt man mit fruchtigen und krauterigen Noten. Wer mochte, kann die verdauungsfördernden Eigenschaften mit einem kleinen Spritzer eines passenden Bitters verbessern.

Zubereitung

Eine Grapefruitzeste abschälen und zurechtschneiden. Den Campari in die Flûte gießen. Die Zeste über dem Glas drehen und an der Glasinnenseite drapieren. Glas mit Champagner auffüllen. Vorsicht: Den Champagner direkt aus der Flasche eingießen und nicht mit einem Shot-Glas oder Jigger abmessen, weil sonst die Kohlensäure verfliegt. Die meisten normal großen Flûtes haben ein Fassungsvermögen von etwa 125 ml. Lässt man etwas Abstand zum Rand, hat man also etwa vier Shots eingefüllt – genau so viel, wie man für einen ausgewogenen Drink braucht.

Tipp

Ich empfinde Campari als ziemlich süß und bin deshalb für eine zusätzliche Bitternote dankbar. Diese bringe ich am liebsten ins Spiel, indem ich Kardamom oder Selleriesamen in etwas Wodka oder neutralen Getreidebrand einweiche und einen Tropfen davon in den Drink gebe. Wer in die andere Richtung gehen und den Cocktail stattdessen süßer machen will, kann das mit einem Spritzer Cassis tun.

Caposaldo
PROSECCO

FREITAGNACHT

Ein After-Work-Drink zu Hause ist manchmal genau das, was entspannt und die gestressten Nerven beruhigt. Umgekehrt braucht man aber vielleicht gerade einen kleinen Muntermacher, der die Müdigkeit vor dem Ausgehen wegbläst – und mehr Pep als Bier oder Wein hat!

SCHOKOWEIN

Zutaten

1 Flasche Rotwein (eine fruchtige, nicht zu tanninlastige Abfüllung)

100 g Zucker

10 g Kakao-Nibs

Prise Anissamen

kleine Prise Salz

3 schwarze Pfefferkörner

30 g Trockenaprikosen

6 Shots (150 ml) Cognac

Weinglas

Eiswürfel

gekühltes Soda zum Auffüllen (nach Belieben)

Er schmeckt genauso lecker, wie der Name andeutet, allerdings weit weniger süß, als man meinen könnte. Als Cocktail für den frühen Abend ist er kaum zu schlagen, ob solo oder mit einem leichten süß-pikanten Happen. Man kann den ganzen Posten selten auf einmal aufbrauchen, ihn aber gekühlt eine Weile aufheben – zum Beispiel für die Zeit, wenn man nach Hause kommt und sich mit einem Rotwein auf der Couch einrollen möchte, aber gern etwas Flotteres hätte als nur Rotwein.

Zubereitung

Alle Zutaten in eine mikrowellenfeste Schüssel geben und mit Frischhaltefolie abdecken. In der Mikrowelle auf hoher Stufe 3 Min. erhitzen. Abkühlen lassen, dann abseihen. Die alkoholgetränkten Aprikosen nicht wegwerfen – sie schmecken umwerfend!

Zum Servieren 5 Shots (125 ml) der Mischung in das mit Eis gefüllte Weinglas geben. Rühren und mehr Eis hinzufügen – oder nur gekühlt, also ohne Eis servieren. Ist der Wein ziemlich schwer, macht ihn ein Spritzer Soda etwas leichter.

Tipp

Das Rezept ist eine hervorragende Basis, auf der man geschmacklich aufbauen kann – der Drink ist robust und verträgt das. Ich würde nicht zu viel Neues auf einmal hinzufügen, habe ihn aber mehrmals mit fantastischen Ergebnissen variiert. Einmal wollte ich ihn sogar zu Lammbraten servieren und habe – Ehrenwort! – ein paar Prisen Fenchelsamen sowie eine frische Möhrenscheibe hineingeworfen: Er passte spektakulär gut zum Essen.

BUBBLES AND BYASS

Zutaten

etwas mehr als 2 Shots (60 ml) Fino Sherry

1 EL Aprikosenlikör

1 Zweig frisches Basilikum

Weinglas

Eiswürfel

gekühltes Soda zum Auffüllen

grüne Oliven zum Garnieren

Ich habe mich ja schon geoutet: Ich liebe trockenen Sherry. Ein gekühltes Glas mit ein paar Oliven in der Sonne, und ich bin bedient. Gleichzeitig ist Sherry jedoch auch eine erstaunliche Basis für Cocktails. Basilikum, Aprikose und Sherry sind für mich die heilige Dreifaltigkeit der Zutaten; ich habe sie im Laufe der Jahre in mehreren Kompositionen zum Einsatz gebracht. Die Aprikose entlockt dem Wein echte Wärme, bevor das Basilikum sie wieder sicher auf würziges Territorium zurückführt, weshalb das Trio ideal für einen Drink am frühen Abend ist. Und die Oliven sind die kronenden i-Tupfelchen.

Ich teile mit Seamus Mullen die Liebe für den spanischen Likörwein und konnte mir keine passendere Hommage an seine große Kochkunst vorstellen als diese leichte, aber komplexe Ode an den Sherry-Cocktail.

Zubereitung

Sherry, Aprikosenlikör und Basilikum mit etwas Eis in das Weinglas geben. Behutsam rühren. Mehr Eis, dann einen Spritzer Soda dazugeben und mit einigen Oliven garnieren.

Tipp

Vanille als Zutat kann diesen Drink zu völlig neuen Höhen führen. Es ist allerdings problematisch, ihre cremige Art ins rechte Licht zu rücken, ohne dass der Geschmack zu aufdringlich wird. Am besten spaltet man eine Vanilleschote und legt sie über Nacht in eine Flasche Sherry ein. Am nächsten Tag wird sie abgeseiht und der Sherry wie beschrieben weiterverwendet. Die Schote kann man noch für Vanillesalz oder -zucker verwenden.

PALOMA

Zutaten

1 Prise rosa Salz (Himalaja-, nicht Pökelsalz)

1 EL Limettensaft

1 EL rosa Grapefruitsaft

1 EL Zuckersirup (siehe Seite 31)

2 Shots (50 ml) Tequila blanco (100 % Agave)

kleines Highball-Glas

Eiswürfel

gekühltes Soda zum Auffüllen

Grapefruit zum Garnieren

Tequila bringt einen in Fahrt! Wenn ich mich für eine Nacht auf der Piste aufwärmen will, greife ich automatisch nach diesem Spirit. Er erinnert mich an frühere Feste und passt so gut zu anderen schwungvollen Zutaten, dass man gar nicht anders kann, als munter zu werden. Vergessen Sie unrühmliche Erinnerungen an schlechten Tequila – nehmen Sie lieber eine Flasche vom echten aus 100 Prozent Agave und geben Sie diesem Cocktail eine Chance. Mit dem guten alten Schütteln kommt so richtig Leben in ihn, aber wenn man eine größere Gruppe beliefern muss, kann man ihn auch im Glas bauen. Die würzige Note macht ihn außerdem zu einem brillanten Essensbegleiter.

Zubereitung

Alle Zutaten in einen Shaker geben und mit Eiswürfeln kurz schütteln (nur ein paar kräftige Schocks – der Drink wird lang serviert und sollte nicht schon jetzt zu sehr verdünnt werden). In ein mit Eis gefülltes Highball-Glas doppelt abseihen (siehe Seite 27). Mit einem Spritzer Soda krönen und mit einer Scheibe Grapefruit garnieren.

Tipp

Ich serviere den Paloma mitunter auf Partys aus der Siphonflasche. Dazu den ganzen Mix (etwa 8 Gläser) plus 2 Shots (50ml) Wasser pro Glas in einen Siphon geben, mit CO_2 aufladen und vorsichtig auf Eis gießen. Man kann weitere Nuancen wie Himbeere oder Basilikum hinzufügen oder sogar versuchen, den Drink mit hellem Bier statt Soda aufzufüllen. Das macht ihn angenehm malzig-bitter und erhöht seine Eignung als Essensbegleiter.

OLD FASHIONED

Zutaten

1 oder 2 TL Zuckersirup (je nach Süße des Bourbon und individuellen Vorlieben – siehe Seite 31)

2 Spritzer Angosturabitter

etwas mehr als 2 Shots (60 ml) Bourbon

Rocks-Glas

Eiswürfel

große Eisstücke

Orange zum Garnieren

Der Old Fashioned ist intensiv und steigt zu Kopf – er eignet sich damit hervorragend als Abschluss eines Essens oder wenn man schnell runterkommen möchte. Obwohl das Gerücht geht, dass man 15 Minuten für die Zubereitung braucht, ist er nicht komplex. Außerdem eignet er sich für größere Gruppen ebenso wie für Zweisamkeit. Versuchen Sie ein großes Stück Eis zu bekommen, das gut ins Glas passt – so verhindern Sie, dass Sie irgendwann mit einer wässerigen Brühe dastehen. Der Bourbon wird in zwei Etappen hinzugefügt; das letzte kurze Umrühren entlockt ihm ungeahnte Geschmacksnoten. Ach ja, und verwenden Sie auf jeden Fall Zuckersirup anstelle von Festzucker oder einen flüssigen Ersatz wie Honig bzw. Ahornsirup. Niemand ist scharf auf einen körnigen Old Fashioned.

Zubereitung

Eine lange Zeste von der Orange schälen und beiseitelegen. Ein großes Stück Eis in das Rocks-Glas geben und alles in das Gefrierfach stellen. Ein Mixing-Glas mit Eiswürfeln füllen und Zucker, Bitter sowie die Hälfte des Bourbon dazugeben. Gut umrühren (aber nicht zu hektisch). Die zweite Hälfte des Bourbon dazugeben, kurz umrühren und über den Eisblock im Rocks-Glas seihen. Die Orangenzeste über dem Glas drehen, dann hineinwerfen.

Tipp

Die Old-Fashioned-Palette ist unendlich groß! Man hat unzählige Optionen, das Süßungsmittel, die Spirituose, die Garnierung oder den Bitter zu variieren. Jeder Spirit funktioniert, und solange man auf Ausgewogenheit achtet, bekommt man einen ausgeklügelten Cocktail, der immer neue Facetten des Basisdrinks offenlegt. Zum Beispiel: Tequila mit Honig, Orangenbitter, Tabasco und Grapefruit-Twist. Oder Blended Scotch mit getorftem Malt, Rohrzuckersirup, Ingwerbitter und Bananenscheibchen. Oder Gin mit Rosa-Pfefferkorn-Zuckersirup, Peychaud's Bitters sowie Zitronen- und Orangenzesten. Oder ...

MANHATTAN

Zutaten

1 Orange

1 Zitrone

600 ml Rye Whiskey

300 ml süßer Wermut

1 Shot (25 ml) Maraschino

½ TL Peychaud's Bitters

1 TL Angosturabitter

Flasche

kleines gekühltes Cocktailglas

Eiswürfel

Kirsche zum Garnieren – ich mag richtige Cocktailkirschen wie Luxardo oder Fabbri, doch kann man auch frische Kirschen nehmen. Die Finger lassen sollte man jedoch von den klebrig-süßen kandierten Cocktailkirschen.

Es ist schwer, von irgendetwas das Absolute, Ultimative zu finden. Aber dieser Manhatten war so viele Jahre lang mein Standarddrink, dass er durchaus das Zeug zum unangefochtenen Mr. Perfect hat. Der einnehmende, reiche und komplexe Cocktail ist einfach unschlagbar, wenn ich etwas brauche, um spätabends Körper und Seele zu beruhigen. Ich habe mehrere Versionen, auf die ich immer wieder zurückgreife – sie alle gehören zum süßen Lager und enthalten roten Wermut. Aber bereitet man ihn wie hier in größeren Posten zu, hat man ihn sofort einsatzbereit, wenn man nach Hause kommt und einen Manhattan braucht. Oder ein paar Freunde zum Essen eingeladen hat.

Zubereitung

Mit einem Schäler 4 Streifen Orangenzeste und 1 Streifen Zitronenzeste schneiden. Die Zitronenzeste sowie 3 Orangenzesten in einen großen Krug geben. Rye, Wermut, Maraschino und beide Bitters dazugeben und gut mischen. 10 Min. durchziehen lassen, abseihen, dann in Flaschen füllen und in den Kühlschrank stellen.

Zum Servieren 2 Shots (50 ml) in ein mit Eis gefülltes Mixing-Glas geben. Umrühren, in ein gekühltes Cocktailglas abseihen und mit der Kirsche und der übrigen Orangenzeste garnieren.

Tipp

Dieser Drink ist sehr ausgewogen und hat genug Alkohol, um eine Weile im Kühlschrank auszuhalten. Wer eine weniger starke Version bevorzugt, kann die verwendeten Flüssigzutaten (Spirituosen und Bitters) verringern, muss aber darauf achten, dass ihr Verhältnis zueinander unverändert bleibt. Möglich ist es auch, die Mengen von Rye und Wermut zu tauschen, sodass ein wermutlastiger »Reverse Manhattan« entsteht. Er ist milder und eine Art Energiespender für die Woche, wenn man etwas nicht allzu Alkoholstarkes haben möchte.

BROOKLYN

Zutaten

1 ½ Shots (40 ml) Bourbon

1 EL süßer Wermut

1 EL Picon Amer

1 TL Maraschino

2 Spritzer Orangenbitter

kleines, gekühltes Cocktailglas

Eiswürfel

Orange zum Garnieren

Für alle, die mehr als nur einen Hauch von Luxus suchen, passt der Brooklyn perfekt ins Beuteschema. Er ist ein enger Verwandter des Manhattan, doch hat seine zusätzliche Bitternote eine so angenehme Präsenz, dass er eine eigene Sparte verdient. Zum Einsatz kommt in ihm Picon amer, ein bitterer Likör, der in Frankreich oft mit Bier kombiniert wird. Wer ihn nicht auftreiben kann, behilft sich mit einem italienischen Amaro. Der Brooklyn ist ein klassischer Digestif-Cocktail, passt aber erstaunlich gut zu einem schönen üppigen Dessert. Und wenn man einen jener Tage hinter sich hat, die man am besten schnell vergessen möchte, dann hilft einem dieser Drink darüber hinweg!

Zubereitung

Alle Zutaten in ein mit Eis gefülltes Mixing-Glas geben und etwa 20 Sek. lang umrühren. Mit einem Schäler einen Streifen Orangenschale abschneiden. Mischung in ein gekühltes Cocktailglas abseihen und mit dem Orangentwist garnieren.

Tipp

Dank seiner bitterorangenartigen Tiefe empfiehlt sich der Brooklyn als interessante Variante des klassischen Manhattan, doch funktionieren auch andere Geschmackswege. Das Rezept hier baut auf einen Hauch von Bitterkeit, ebenfalls einen Versuch wert aber sind andere Liköre wie der Cointreau oder ein grüner Chartreuse anstelle des Maraschino. Sogar etwas ähnlich Schweres wie einen Kaffeelikör kann man ausprobieren.

SPAZIERGÄNGE

Schon erstaunlich, wie viel besser ein wärmender Schluck im Freien schmeckt. Er taut starre Glieder wieder auf und liefert genau die richtige Stärkung. Wichtig ist ein Cocktail, der von innen wärmt – eine Belohnung für einen Spaziergang in der Kälte oder eine lange Winterwanderung mit Freunden.

VIEW OF LONDON AS HE DID
OF MICHAEL BROUGH 1912

HUNTER'S FLASK

Zutaten

1 Conference- oder Williams-Birne

1 Stück Ingwer

1 Schälchen Brombeeren

4 Shots (100 ml) Gin

8 Shots (200 ml) Whisky eines süßen Stils (ein leichter Speyside oder Irish Whiskey ist ideal)

2 Zweiglein Rosmarin

50 g Rohrzucker

6 Shots (150 ml) Wasser

Flachmann

Er ist mein idealer Begleiter für einen langen Spaziergang auf dem Land, eine einfache Infusion, die aber das Beste der Früchte und Kräuter einfängt und bewahrt. Man füllt den Hunter's Flask in einen Flachmann und trinkt ihn körperwarm. Rosmarin und Ingwer induzieren schöne Wärme, während Gin und Whisky, obwohl sie auf den ersten Blick nicht unbedingt miteinander zu können scheinen, dank ihrer süßen Malztöne und Kräuternoten doch ausgezeichnet harmonieren. Die Früchte kann man nach Lust und Laune variieren oder nehmen, was gerade greifbar ist, aber ich kombiniere meist eine Frucht, ein Kraut und ein Gewürz. Einzige Voraussetzung: Sie sollten wärmende Geschmacksnuancen mitbringen.

Zubereitung

Birne und Ingwer hacken und mit den Brombeeren in ein mittelgroßes Gefäß geben. Gin und Whisky mixen und dazugeben. Über Nacht durchziehen lassen.

Tags darauf die Früchte mit einem Schaumlöffel herausholen und in einen Topf geben. Rosmarin, Zucker und Wasser hinzufügen. Zum Kochen bringen. Vom Herd nehmen. Zur Gin-Whisky-Mischung geben. Abkühlen lassen. Abseihen und in den Flachmann gießen.

Tipp

Nichts passt besser zu diesem Cocktail als frisch gepflückte Brombeeren. Vielleicht stoßen Sie ja beim Spazierengehen auf ein Vorkommen! Ein Freund und ich verpassten einmal einen Zug, als wir uns gerade einen Hunter's Flask gönnten und dazu süße Beeren von einem wilden Busch naschten.

APPLE THREE WAYS

Zutaten

1 Kardamomschote

300 ml Apfelbrand
(Somerset Cider Brandy, Bonded Applejack oder Calvados)

4 Shots (100 ml) Gin

2 große (oder 4 kleine) Äpfel, geschnitten

1 l naturtrüber Apfelsaft

8 Shots (200 ml) ungefilterter Apfelessig

200 ml Honig

Prise Salz und Pfeffer

vorgewärmte Thermoskanne

Ein heißer Punsch lässt sich leicht in einer Thermoskanne transportieren. Er ist genau das Richtige für Ausflüge, bei denen man etwas Wärmendes braucht. Man kann den Punsch zu Hause für Heimkehrer aus der Kälte bereithalten, aber das ideale Ambiente, um ihn zu genießen, ist draußen.

Zubereitung

Kardamomschote leicht pressen und in einen Topf geben. Die übrigen Zutaten dazugeben und bei kleiner Hitze erwärmen, bis sie zu dampfen beginnen. Honig durch Umrühren auflösen, dann die Schote herausfischen. In die Kanne füllen.

Tipp

Wenn man die Äpfel vorher schon mit etwas Vollzucker brät, gibt man dem Drink eine erstaunliche Tiefe. Dazu einfach das Kerngehäuse mit einem Kugelausstecher auskratzen, die Äpfel mit Zucker füllen und im Ofen weich braten. »Wassail« heißt ein traditioneller heißer Punsch mit Eiern, der jedoch nicht gern reist (Eier und Thermoskannen oder isolierte Flaschen sind sich nicht grün). Wer dennoch diese üppigere Version probieren möchte, schlägt zwei Eier und hebt sie langsam unter den erhitzten Punsch.

CHILLED SMOKE AND MELONS

Zutaten

8 Shots (200 ml) getorfter Scotch (sauber und leicht wie ein Kilchoman, Ardmore oder Caol Ila)

4 Shots (100 ml) Wasser

4 Shots (100 ml) Merlet Crème de Melon

4 Shots (100 ml) Cocchi Americano

2 Shots (50 ml) Fino Sherry

Flasche

Rocks-Glas

Rosmarinzweiglein zum Garnieren

Durch seine hauchzarte Rauchnote wirkt dieser Outdoordrink auf eine seltsame Weise wohltuend. Man serviert ihn nicht heiß, aber einen Kühlschrank braucht man auch nicht – es reicht, die Flasche unter fließendem Wasser oder gleich draußen in der Kälte zu kühlen. Anschließend serviert man sie mit frisch geschnittenem Rosmarin, ein paar Ginsterblüten oder einem anderen essbaren Wildkraut. Obwohl getorfte Whiskys pur etwas scharf und aufdringlich riechen, verbergen sich in ihnen zahlreiche einnehmende Frucht- und Gewürznoten, die zum Vorschein kommen, wenn man sie mit anderen Zutaten mischt. Ich liebe die Frucht von großen, kraftvollen Whiskys wie dem Lagavulin und Talisker, aber für diesen Cocktail ist eine sanftmütigere Abfüllung besser geeignet.

Zubereitung

Alle Zutaten mischen und in die Flasche füllen. In Gläser gießen und mit einem Rosmarinzweiglein garnieren.

Tipp

Eine dezent-elegante Melonennote ist nicht einfach zu erreichen. Die Frische des Merlet-Likörs trägt viel dazu bei, aber wenn man ihn nicht auftreiben kann, legt man stattdessen ein paar Scheiben einer Cantaloupe- oder Honigmelone mit etwas Zucker in der Mischung ein, lässt alles eine Stunde ziehen und seiht dann ab.

AM OFFENEN KAMIN

Wenn die Kälte übers Land kriecht, gibt es nichts Schöneres, als vor einem knisternden Kaminfeuer zu sitzen. Ich habe die schönsten Kindheitserinnerungen daran. Kaminabende sind heute seltener geworden, doch diese winterlichen Cocktails strahlen eine ähnlich wohlige Wärme aus.

Baby it's
COLD
Outside

BRANDY BLAZER

Zutaten

kochendes Wasser

1 TL Rohrzucker

2 Shots (50 ml) Cognac

1 Shot (25 ml) Crème de Mûre

2 Spritzer Angosturabitter

vorgewärmter Becher

Orange zum Garnieren

Im Brandy Blazer ist die Atmosphäre einer Session vor dem Kamin authentisch eingefangen! Obwohl ich das Hantieren mit Feuer während des Konsums von Alkohol nicht empfehle, macht diese Methode doch Spaß, lässt sich leicht beherrschen (zuerst mit Wasser üben) und verleiht dem Drink eine herrliche Karamellnote. Beherzigen Sie aber auf jeden Fall, dass sich Feuer und Polstermöbel – oder Haut – nicht vertragen. Bereiten Sie den Brandy Blazer daher in sicherer Umgebung zu!

Zubereitung

Zwei Töpfe mit kochendem Wasser aus dem Kocher füllen, auf die Herdplatte stellen, köcheln lassen, dann ausgießen. Auch den Becher mit kochendem Wasser erwärmen, aber nicht auf die Herdplatte stellen.

Mit dem Schäler einen Orangentwist zurechtschneiden.

4 Shots (100 ml) kochendes Wasser mit dem Zucker in einen der Töpfe und die Spirituosen mit dem Bitter in den anderen geben.

Mit einer Kerze oder einem Streichholz den erwärmten Alkohol anzünden und in den Topf mit dem kochenden Wasser gießen. Den Inhalt mehrmals vorsichtig zwischen den beiden Töpfen hin- und hergießen. Man sollte das Fließen der blauen Flamme sehen und hören. Feuer durch Aufeinandersetzen der Töpfe löschen, dann den Inhalt in den vorgewärmten Becher gießen und mit dem Orangentwist garnieren.

Tipp

Hier kann man mit vielerlei Geschmacksnoten spielen. Geeignet ist jede Spirituose mit etwas Zucker und einem so hohen Alkoholgehalt, dass man sie anzünden kann, denn das Feuer entlockt ihr reiche Nuancen. Ich mag beispielsweise die Kräuterwürze, die ein bisschen Chartreuse entstehen lässt: Die Flammen verbrennen nicht zu viel Alkohol, sodass der Mix nach wie vor kräftig ist, aber die Karamellisierung und Belüftung durch das Umgießen der flambierten Flüssigkeit für eine einzigartige Würze sorgt.

HOT BUTTERED GIN

Zutaten

4 Shots (100 ml) Apfelwein

etwas mehr als 1 Shot (30 ml) eines 10-jährigen Cider Brandy (wahlweise Bonded Applejack oder Calvados)

1 EL Gin

1 EL Honig

2 TL Zitronensaft

vorgewärmte Teetasse

Zitrone zum Garnieren

kleine Scheibe Butter zum Garnieren

Hot Buttered Rum ist ein geschätzter, althergebrachter Herzenswärmer, der von der Üppigkeit der zerlassenen Butter lebt. Hier bin ich auf eine leichtere Version umgestiegen, habe auf den Grog verzichtet und dafür Gin, Cider Brandy und Apfelwein eingesetzt. Butter zu verwenden wirkt zunächst befremdlich, sie gibt dem Drink aber eine herrlich pikante Note.

Zubereitung

Den Apfelwein in einen Topf geben und langsam erhitzen.

Cider Brandy, Gin, Honig und Zitronensaft in die Tasse geben. Mischen und mit dem heißen Apfelwein auffüllen. Eine Zitronenzeste abschneiden und dazugeben, dann eine Scheibe Butter hinzufügen.

Tipp

Für aromatisierte Butter die Butter weich werden lassen. Gewürze, fein gehackte Kräuter oder Zitrusfrüchte unterheben und abkühlen lassen. Die Zusätze zur Butter schwimmen irgendwann in der Tasse, weshalb man nicht allzu wild zusammengeworfene Kräutermischungen verwenden sollte.

SPIKED HOT CHOCOLATE

Zutaten

1 EL Chartreuse

1 EL Poire Williams

1 TL Vollzucker

4 Shots (100 ml) Vollmilch

Prise Vanillesalz (dazu eine Vanilleschote aufschneiden und mindestens einen Tag lang in Meersalz einlegen)

30 g gute dunkle Schokolade

vorgewärmter Becher

Muskatnuss oder Zimt zum Garnieren

Dickflüssige heiße Schokolade ist ein üppiges Vergnügen. Ich kam zum ersten Mal in New York damit in Berührung und wurde später in Spanien regelrecht süchtig danach. Am besten schmeckt sie mir wie hier mit milden Kräuter- und Fruchtakzenten. Dabei bevorzuge ich echte Schokolade und regionale, nicht homogenisierte Milch mit ihrer üppigen Intensität, doch kann man auch Fertigtrinkschokolade verwenden.

Zubereitung

Chartreuse und Poire Williams in einen vorgewärmten Becher geben.

Zucker, Milch, Vanillesalz und Schokolade in einen Topf geben und unter ständigem Umrühren erhitzen, aber nicht zum Kochen bringen. Wenn die Flüssigkeit zu dampfen beginnt, über die Liköre im Becher gießen und mit etwas frisch geriebener Muskatnuss oder mit Zimt bestreuen.

Tipp

Man kann den Drink sehr dickflüssig machen, indem man Sahne (oder auch Milch) mit etwas mehr Schokolade verwendet und die Menge verringert. Außerdem lassen sich zusätzliche Geschmacksschichten schaffen, indem man die Gewürze in Milch gibt, alles erhitzt und dann abseiht – so können Anis, Basilikum, Chili und diverse Früchte erfolgreich in die Schokolade integriert werden. Auch die Liköre dürfen Sie nach Ihrem Gusto variieren.

HET PINT

Zutaten

2 Bio-Eier

Prise Vanillesalz (siehe Spiked Hot Chocolate auf Seite 181)

300 ml Golden Ale
(oder ein süßes, nicht allzu hopfiges Bier; auch ein dunkles Bier ist geeignet)

4 Shots (100 ml) Scotch

3 EL Rohrzucker

vorgewärmte Becher

Muskatnuss zum Garnieren

Heißes Bier und Eier sind nicht unbedingt etwas, was man jeden Tag in einem Cocktail antrifft, aber geben Sie dem Het Pint eine Chance. Dieses alte Rezept hat mir mein lieber Freund, geschätzter Mentor und Komplize bei allerlei Whisky-Untaten Dave Broom gesteckt. Ich komme immer wieder darauf zurück, wenn ich mir etwas Üppiges, Wohltuendes gönnen möchte. Verwenden Sie für den Het Pint die besten Eier, die Sie bekommen können, dann schmeckt das Ganze gar nicht eierartig, sondern besticht durch satte Textur und viel Gewicht. Das Rezept ergibt eine ordentliche Menge. Weil schon wenig viel Wirkung entfaltet, reicht es durchaus für eine größere Gruppe.

Zubereitung

Eier in einen Topf schlagen und salzen.

Ale, Whisky und Zucker in einen anderen Topf geben und erhitzen, bis die Mischung dampft, aber nicht kocht. Mit dem Schneebesen schlagen, damit sich der Zucker auflöst. Dann vom Herd nehmen und unter ständigem Rühren mit dem Schneebesen in die Eiermischung geben. In die Becher gießen und mit etwas frisch geriebener Muskatnuss garnieren.

Tipp

Das verwendete Bier hat enormen Einfluss auf das Gewicht und die Textur des Drinks. Sehr gut schmeckt mir auch die Variante mit Stout und ein paar Himbeeren.

FIRESIDE FLIP

Zutaten

1 Scheibe Ingwer

1 EL Honig

etwas mehr als 1 Shot (30 ml) Schlehenlikör

1 Shot (25 ml) Malt Whisky mit Honignote (z.B. ein 12-jähriger Highland Park oder ein 12-jähriger Aberfeldy)

1 ganzes Ei

Spritzer Angosturabitter

gekühltes Sherryglas

Eiswürfel

Muskatnuss zum Garnieren

Flips sind eine alte Cocktailfamilie, in denen ganze Eier mit fantastischer Wirkung zum Einsatz kommen. In gewisser Weise sind die Drinks Eiercreme »mit Schwips« – und schmecken genauso himmlisch, wie man sich das vorstellt. Dieser Fireside Flip bezirzt mit seinen wohltuend malzigen Noten, zu denen die fruchtig-nussigen Nuancen des Schlehenlikörs gut passen. Zusammengehalten wird alles von dem kurkumaähnlichen Duo Honig–Ingwer. Mixen Sie am besten zwei Portionen in einem Shaker – für sich und jemanden, der Ihnen lieb und teuer ist. Dazu müssen Sie nur die angegebenen Zutaten verdoppeln.

Zubereitung

Ingwer und Honig im Shaker muddeln. Die übrigen Zutaten dazugeben und zuerst ohne, dann mit Eis schütteln. Doppelt in ein gekühltes Sherryglas abseihen (siehe Seite 27). Mit frisch geriebener Muskatnuss garnieren.

Tipp

Verwendet man Ingwerkonfitüre anstelle von frischem Ingwer, dämpft man die Schärfe leicht und bekommt einen etwas »goldeneren« Geschmack. Man kann auch versuchen, den Ingwer im Honig sanft zu köcheln, um so einen Teil der Zitruswürze zu zähmen. Das erweitert den Drink um eine einnehmende neue Facette.

WINTERFREUDEN

Winterliche Kälte draußen
ist eine gute Entschuldigung
für ein Beisammensein drinnen.
In der wohligen Wärme der eigenen
Höhle ist es einfach gemütlicher.
Und die Kälte vor der Tür macht
wärmende Köstlichkeiten wie die
hier beschriebenen und Kinderleicht
zuzubereitenden Drinks
umso willkommener.

GALLE HOUSE PUNCH

Zutaten

1 TL schwarze Pfefferkörner

2 Kardamomschoten

1 Zimtstange

½ Muskatnuss

1 Stück Ingwer

6 Gewürznelken

500 g Zucker

250 ml Wasser

1 Teeblüte

300 ml kochendes Wasser

8 Shots (200 ml) goldener Rum

4 Shots (100 ml) dunkler Rum

6 Shots (150 ml) Zitronensaft

6 Shots (150 ml) naturtrüber Apfelsaft

500 ml trockener Apfelwein

Bowleschüssel

Becher

Schürhaken oder etwas Ähnliches

Gewürzbrot oder -kuchen

Der Galle House Punch hat seinen Namen vom alten Sitz unserer Familie in Sri Lanka und enthält viele Gewürze, die dort angebaut wurden. Er ist ein sensationell wärmender Cocktail und sollte deshalb auch entsprechend sensationell erwärmt werden – nämlich mit einem im Lagerfeuer, Kaminfeuer oder auf der Herdplatte erhitzten Schürhaken. Das heiße Eisen erhitzt den Punsch nicht nur, es verleiht ihm darüber hinaus eine angenehme Karamellnote und einen Anflug von Holzrauch. Wer keinen Schürhaken hat, kann den Tee aufbrühen, die Zutaten normal auf der Herdplatte erhitzen und anschließend beide mischen.

Zubereitung

Den Schürhaken im Feuer oder auf der Herdplatte erhitzen.

Für den Gewürzsirup Pfefferkörner, Kardamom, Zimt, Muskatnuss, Ingwer und Gewürznelken in einem Mörser zerstoßen. Wasser in einen Topf geben, zum Kochen bringen und Zucker sowie die zerstoßenen Gewürze dazugeben, dann vom Herd nehmen. Umrühren, abkühlen lassen, abseihen.

Teeblüte in die Schüssel geben, das kochende Wasser eingießen und 1 Min. ziehen lassen. Die übrigen Zutaten plus 4 Shots (100 ml) Gewürzsirup dazugeben. Den inzwischen glühenden Schürhaken langsam in den Punsch tauchen. Wenn er nicht mehr zischt, herausnehmen und Punsch in die Becher schöpfen. Nach Belieben Brot eintunken.

Tipp

Variieren Sie die Gewürze je nach dem Tee, Apfelwein und Rum, den Sie verwenden. Neben den erwähnten aromatischen Sorten können auch Kreuzkümmel, Fenchel, Zitrusschalen und ähnliche Zutaten die Party anheizen. Und: Buttern Sie das Brot!

NUKED NEGRONI

Zutaten

1 Grapefruit

300 ml Gin

300 ml süßer Wermut

300 ml Campari

6 Brombeeren

1 Zweiglein Rosmarin

Flasche

Rocks-Glas

große Eisstücke

Diese einfache, schnell gemachte Infusion bereite ich immer wieder gern zu. Sie bringt einige bittersüße Nuancen unter einen Hut, die den beliebten klassischen Negroni aufs Beste ergänzen. Der Cocktail ist schneller gemacht, als man ihn aussprechen kann: Man schnappt ihn sich einfach aus dem Kühlschrank, gießt ihn über Eis und garniert ihn. Die Brombeeren entlocken dem Campari und Wermut etwas Frucht, während der Rosmarin eine willkommene kräuterwürzige Trockenheit beisteuert. Mikrowellen sind manchmal unsäglich, wenn es um die Zubereitung von Speisen geht – aber bei Drinks können sie richtig nützlich werden!

Zubereitung

Von der Grapefruit eine Zeste schälen und mit den übrigen Zutaten in eine mikrowellenfeste Schüssel geben. Abdecken, dann 3 Min. in der Mikrowelle auf voller Wattstärke erhitzen. Abkühlen lassen, abseihen und in die Flasche füllen.

Zum Servieren ein Rocks-Glas mit Eis füllen, ein ordentliches Maß aus der Flasche einfüllen und mit einer Grapefruitscheibe garnieren.

Tipp

Mit einem Negroni wie diesem macht man wenig falsch. Wagemutigere aber variieren die enthaltenen Spirituosenmengen. Wer will, kann auch einige oder alle Elemente zu ersetzen versuchen, etwa die Hälfte des Campari durch Aperol oder einen anderen Bitter. Genauso viel Spaß macht es, die Früchte und Kräuter zu variieren. Eine zu starke Verdünnung allerdings killt den Drink, halten Sie ihn deshalb immer mit großen Eisstücken kalt.

BLA BLA FIX

Zutaten

300 ml Heidelbeersaft

350 g Zucker

½ TL gelbes Pektin

2 TL Honig

2 Shots Aquavit

1 knapper Shot (20 ml) Zitronensaft

1 TL Crème de Cassis oder Sirup aus Schwarzen Johannisbeeren

Cocktailglas

Eiswürfel

Mit Aquavit, einem kräftigen Kräuterbrand, habe ich mich angefreundet, als ich meinen Freund Nick in Schweden und anschließend meine liebe Freundin Anette in Norwegen besucht habe. Die skandinavische Spezialität passt gekühlt perfekt zu einem Berg von Flusskrebsen (wenn Sie nicht das Glück haben, an einem Ort zu leben, wo diese Krustentiere geschätzt werden, freunden Sie sich mit einem Norweger, Dänen oder Schweden an, und sei es nur für das Sonnwendfest!). Obwohl auch Aquavit von einer Kräuternote lebt, unterscheidet er sich doch beträchtlich von Gin. Den Trick mit der Heidelbeerfarbe habe ich mir von meiner Bar White Lyan geborgt. Sie überzieht den Rand des Glases und lockt uns mit verführerischer Süße, bis diese von der Säure des Drinks weggespült wird. Man kann auch einfach nur Heidelbeeren in den Cocktail geben, doch ist der Geschmackseffekt ein ganz anderer (außerdem sieht es nicht annähernd so gut aus).

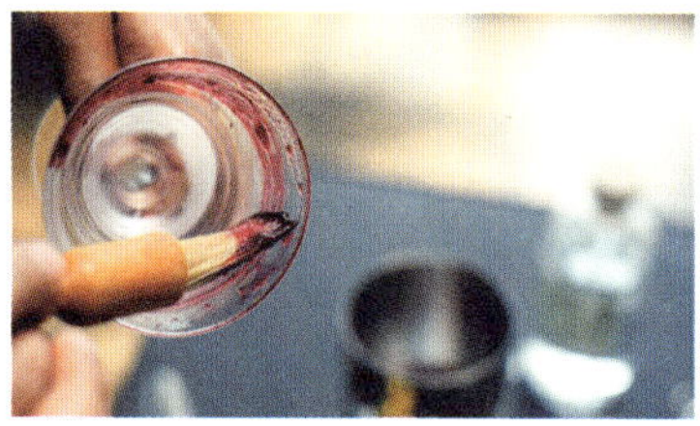

Zubereitung

Für die Farbe Heidelbeersaft, Zucker und Pektin in einen Topf geben und bei kleiner bis mittlerer Hitze 30 Min. unter regelmäßigem Umrühren erhitzen. Abkühlen lassen.

Ein Cocktailglas bereitstellen, einen Pinsel in Farbe tauchen (überschüssige Farbe abstreifen) und die Innenseite des Glasrands ausgiebig damit bestreichen. Während der Zubereitung des Drinks das Glas in das Tiefkühlfach stellen.

Honig, Aquavit, Zitrone und Schwarze Johannisbeeren (Sirup oder Likör) in einen Shaker geben. Den Honig durch Umrühren auflösen. Mit Eiswürfeln schütteln und in ein gekühltes, bemaltes Glas doppelt abseihen (siehe Seite 27). Dann sofort genießen!

Tipp

Man kann die Farbe auch mit anderen Säften anmischen, aber ideal ist eine Frucht mit einer guten Süß-Sauer-Bilanz, etwa Granatapfel oder Kirsche. Wer kein Pektin auftreibt, verwendet Einmachzucker (er enthält Pektin) oder wirft ein paar Zitronenkerne hinein.

BREWED BROOKLYN

Zutaten

1 Orange

4 Shots (100 ml) India Pale Ale

4 Shots (100 ml) Stout

2 Shots (50 ml) Amaro

8 Shots (200 ml) Wasser

500 ml Rye Whiskey

8 Himbeeren

Prise Fenchelsamen

Prise getrockneter Wermut

½ TL Löwenzahnwurzel

½ TL Klettenwurzel

100 g Zucker

Flasche

gekühltes Cocktailglas

Er ist so gut, dass er in diesem Buch gleich zweimal erscheinen darf: Der Brewed Brooklyn ist eine Variante der Variante meines bereits erwähnten Lieblingscocktails, des Manhattan (siehe Seite 153 und 154). Seine Bitterkeit verwandelt ihn in eine charaktervollere Version. Indem man ihn wie hier als größeren Posten vorbereitet, kann man ihn gekühlt bereithalten, falls Freunde vorbeikommen. Am frühen Abend allerdings fühlt er sich noch nicht so richtig wohl – seine Zeit kommt erst nach Einbruch der Dunkelheit!

Zubereitung

Von der Orange eine Zeste abschälen und in eine mikrowellenfeste Schüssel geben. Alle übrigen Zutaten ebenfalls in die Schüssel geben. Schlagen, um den Bierschaum loszuwerden und den Zucker aufzulösen.

Hat sich alles gesetzt, abdecken und in der Mikrowelle bei maximaler Leistung 3 Min. lang erhitzen.

Abkühlen lassen und abseihen (versuchen Sie, ein feines Sieb oder ein Seihtuch einzusetzen, denn der Wermut ist ziemlich fein). In eine Flasche abfüllen und lagern. Gekühlt servieren.

Tipp

Die Mikrowelle erhitzt sehr stark, aber sobald sie sich ausschaltet, verfliegt die Wärme auch rasch wieder. Erwärmen Sie den Mix nicht so stark, dass er verdampft. Dadurch konzentriert er sich und bekommt die gewünschte Fülle. Gleichwohl kann man die Anteile der Zutaten variieren. Spielen Sie durch Veränderung der Botanicals ein bisschen mit ihnen.

GEWÜRZTER CRANBERRY-CHAMPAGNER

Zutaten

1 Orange

3 EL frische Cranberrys

4 Shots (100 ml) Cranberrysaft

1 Sternanis

3 Gewürznelken

100 g Zucker

1 EL Cognac

1 EL Curaçao

Flûtes

Eiswürfel

gekühlter Champagner zum Auffüllen

Prickelndes ist auf Festen jederzeit willkommen. Wenn zum Ende des Jahres die Cranberrys auf den Plan treten, finde ich das Duo aus Schaumwein und Beeren wesentlich verlockender als immer die gleiche alte Soße. Cranberrys sind angenehm säuerlich, wenn man sie daher mit der Lebendigkeit von Champagner und etwas Süße kombiniert, profitieren alle Beteiligten. Außerdem geben sie eine großartige Garnierung ab.

Zubereitung

Zesten von der Orange schälen, dann Frucht entsaften, dabei alle Samen und Fruchtfleischstücke abseihen.

Für den Cranberrysirup Cranberrys, Orangen- und Cranberrysaft, Anis, Gewürznelken und Zesten mit Zucker in einen kleinen Topf geben und langsam erhitzen. Zucker durch Rühren auflösen und Topf vom Herd nehmen. Nach dem Abkühlen Gewürze und Schalen, nicht aber die Cranberrys herausfischen.

Cognac und Curaçao in ein mit Eis gefülltes Mixing-Glas geben. 1 EL Cranberrysirup hinzufügen und umrühren. In eine Flûte abseihen, ein, zwei Cranberrys aus dem Sirup hinzufügen und mit Champagner auffüllen.

Tipp

Durch sanftes Pochieren behalten die Cranberrys viel von ihrer angenehmen Säure. Bevorzugt man sie hingegen ein wenig milder, kocht man sie ein paar Minuten. Dadurch werden sie weicher und süßer.

SWEET MARTINI AUS DER FLASCHE

Zutaten

8 Shots (200 ml) Gin

6 Shots (150 ml) Apfelbrand (Somerset Cider Brandy, Bonded Applejack oder Calvados)

6 Shots (150 ml) süßer Wermut

2 Shots (50 ml) Aprikosenlikör (etwa Merlet)

8 Spritzer Orangenbitter

4 Shots (100 ml) Mineralwasser

Flasche

gekühltes Cocktailglas

Zitrone zum Garnieren

Süße Martinis sind heutzutage ein seltenes Vergnügen geworden, doch wenn es draußen kalt ist, kann man sich für ihre mundfüllende Üppigkeit wesentlich mehr erwärmen. Dieser irgendwo zwischen einem Angel Face (Gin, Apfelbrand und Aprikose) und einem Sweet Martini (Gin und süßer Wermut) angesiedelte Drink lässt sich hervorragend in Flaschen bereithalten, sodass man ihn nur aus dem Kühlschrank zu ziehen braucht, wenn man einmal im Handumdrehen einen Cocktail herbeizaubern soll. Er hält sich zwar ziemlich lange, doch habe ich festgestellt, dass die Gäste gar nicht genug davon kriegen können und die Vorräte den Abend nicht überstehen. Verdünnt man ihn bereits vorab, braucht man nicht einmal Mixausrüstung griffbereit zu halten, was einem viel Mühe erspart, wenn durstige Freunde ungeduldig mit den Fingern trommeln!

Zubereitung

Alle Zutaten in einem Gefäß mischen. In eine Flasche füllen und gut kühlen. Eine kleine Ecke Zitronenschale abschneiden. Eine Portion in das gekühlte Glas gießen, die Schale mehrmals darüber zerknicken und hineinwerfen.

Tipp

In diesem Cocktail halten sich trocken, reich und süß ansprechend die Waage. Der Drink nimmt den Gaumen fröhlich in Beschlag, aber wer ihn noch ein bisschen süßer mag, erhöht auf jeweils 9 Shots Gin und Apfelbrand und mischt sie mit je 3 Shots Wermut und Aprikosenlikör.

NY SNAP

Zutaten

etwas mehr als 1 Shot (30 ml) Cognac

2 TL goldener Rum

1 Gewürznelke

2 Shots (50 ml) Ananassaft

1 EL Zuckersirup (siehe Seite 31)

2 TL Zitronensaft

2 TL Rotwein, idealerweise ein Bordeaux

2 Spritzer Angosturabitter

Flûte

Eiswürfel

Dieser Cocktail wird zwar kalt serviert, hat aber dank seiner geschmacklichen Facetten eine angenehm wärmende Wirkung. Verwandt ist er mit dem New York Sour, einem Whisky Sour mit Rotwein obenauf, mit dem er die dünne Deckschicht teilt. Sie beschert dem NY Snap etwas Wärme und adstringierende Tannine. Am besten genießen Sie diesen Drink zu zweit mit einer oder einem Glücklichen an Ihrer Seite. Zwei Portionen passen locker in einen Shaker – verdoppeln Sie einfach die Zutaten.

Zubereitung

Alle Zutaten außer dem Wein und dem Bitter auf Eis schütteln und in eine Flûte doppelt abseihen (siehe Seite 27). Wein und Bitter zusammen in einen kleinen Krug geben. Diesen Mix langsam über den Rücken eines Teelöffels in die Flûte laufen lassen, sodass er an der Oberfläche bleibt.

Tipp

Die Deckschicht verleiht dem Drink ein erstaunliches Aroma und reichert jeden Schluck dezent mit einer Weinnote an. Entsprechend kann man weitere Geschmacksschichten hinzufügen (Muskatnuss funktioniert ganz hervorragend) bzw. den Wein ganz oder teilweise ersetzen, etwa durch einen Schuss Port oder Aprikosenbrand.

DER PERFEKTE GIN TONIC

GT hat etwas ungewöhnlich Stärkendes an sich. Trotz seiner scheinbaren Schlichtheit wird er oft elend zubereitet. Unabdingbar ist viel, sehr viel Eis – ernsthaft: so viel Sie ins Glas kriegen – und ein knackiges Tonic. Den Unterschied zwischen schlechtem und perfektem Tonic aber machen die Twists. Gut, wenn Sie ein paar aus dem Ärmel schütteln können!

HOUSE GT

Zutaten

2 Shots (50 ml) eiskalter Gin

eiskaltes Tonic Water

kleines Highball-Glas

Eiswürfel

Zitrone zum Garnieren

großes Minzezweiglein zum Garnieren

Eine der besten Gin-Tonic-Versionen und mein Standarddrink, wenn ich nach Hause komme. Behalten Sie diese »Kopiervorlage« im Kopf: Sie können die Zutaten beliebig erweitern, aber die Grundstruktur sollte bleiben. Alles muss nach Möglichkeit sehr kalt sein: Gin und Gläser gibt man mit einer Schale voll gutem Eis und ein paar kleinen Flaschen frischem Tonic sowie den Zutaten in das Gefrierfach. Die GT-Erfahrung wird umwerfend sein – solange Sie die besten Zutaten, derer Sie habhaft werden können, und jede Menge Eis verwenden.

Zubereitung

Mit einem Schäler 2 Streifen Zitronenschale schneiden.

Highball-Glas mit Eis füllen, Gin dazugeben und langsam mit eisgekühltem Tonic Water auffüllen. Leicht umrühren und einen Trinkhalm dazugeben. Eine der Zitronenschalen über dem Glas drehen, dann wegwerfen. Die Minze klatschen und neben dem Halm ins Glas stecken. Die zweite Schale über dem Glas drehen und neben die Minze in den Cocktail geben.

Tipp

Diese GT-Version ist superfrisch und deshalb genau das, was ich üblicherweise von einem Gin Tonic erwarte. Zusätzlich kann man die Botanicals im Gin als Faktoren berücksichtigen. Die Minze funktioniert hervorragend, probieren Sie aber auch andere Zitrusfruchtzesten aus und testen Sie, wie sie die Noten im Drink – und Ihre eigene Stimmung – beeinflussen.

TIKI GT

Zutaten

1 dicke Spalte Wassermelone

2 Shots (50 ml) eiskalter Gin

gekühltes Tonic Water

kleines Highball-Glas

Zitrone zum Garnieren

Ein bisschen Fantasie hin und wieder kann nicht schaden, wenn das Ganze nicht allzu sehr ins Pompöse ausartet. Diese simple GT-Version ist durchaus fantasievoll, verzichtet aber auf die überzogene Extravaganz von Drinks im Tiki-Stil. Freunde kann man damit vorzüglich in Erstaunen versetzen. Der Kontrast zwischen der rosa Wassermelone und dem klaren Cocktail macht diese Klassikervariante zu etwas angenehm Besonderen.

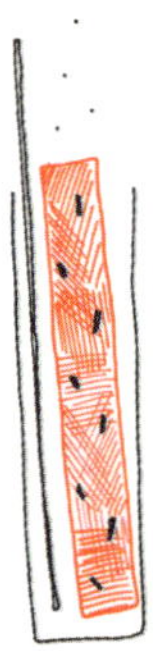

Zubereitung

Fruchtfleisch der Wassermelone von der Schale trennen und in dicke Stangen von der Länge der verwendeten Gläser schneiden (nicht zu dünn, sonst gerät der Drink zu stark). Mindestens 2 Std. ins Gefrierfach legen.

Mit einem Schäler eine Zitronenzeste schneiden. Eine gefrorene Melonenstange ins Glas geben, kalten Gin hineingießen und mit Tonic auffüllen. Sanft umrühren, dann die Zeste über dem Glas drehen.

Tipp

Die Wassermelone wird etwas mehlig, wenn sie auftaut, was normalerweise kein Problem ist. Aber Sie verhindern es, indem Sie die Stäbe vakuumversiegeln (sofern Sie ein entsprechendes Gerät besitzen). Man kann aber auch die Melone entsaften und den abgeseihten Saft streifenförmig einfrieren. Beide Alternativen sorgen für einen intensiveren Melonengeschmack und verbessern die Textur, falls der Drink eine Weile steht.

FANCY GT

Zutaten

2 Grapefruits

100 g Zucker

2 Spritzer Angosturabitter

2 Shots (50 ml) eiskalter Gin

kleines Highball-Glas

Eiswürfel

gekühltes Fevertree Mediterranean Tonic Water zum Auffüllen

Zitrone zum Garnieren

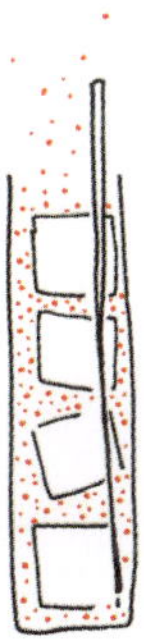

Rosa Gin (ein einfacher Mix aus Gin und Angosturabitter) empfiehlt sich als feiner, aromatischer Aperitif, kann allerdings auf nüchternen Magen manchem zu intensiv sein. Im Verbund mit einem schwungvollen hausgemachten Sorbet und einem kräuterwürzigen Tonic aber wird er wie in dieser Version zu einem Traum, der als Pre-Dinner-Cocktail ebenso glänzt wie als »Betthupferl«.

Zubereitung

Als Erstes das Sorbet zubereiten. Dazu die Grapefruits schälen und die Schalen mit dem Zucker in eine Schüssel geben. Schalen und Zucker zerstoßen, etwa mit dem Ende eines Nudelholzes, und ein paar Stunden durchziehen lassen. Danach die Grapefruits entsaften und den Saft zur Mischung geben. Umrühren, bis der Zucker aufgelöst ist, und abseihen.

Mit einem Schäler eine Zeste von der Zitrone schneiden. Highball-Glas mit Eis füllen. Zuerst den Bitter, dann den Gin und 1 knappen Shot (20 ml) Sorbet dazugeben. Gut umrühren, mehr Eis hinzufügen, dann langsam mit Tonic auffüllen und erneut umrühren. Zeste über dem Glas drehen und neben einen Trinkhalm ins Glas stecken.

Tipp

Der Zucker entzieht den Grapefruitschalen ihr Öl, was dem Sorbet seine Bitternote verleiht. Man kann das unterstützen, indem man den Zucker und die Schalen in einen Beutel steckt und vakuumversiegelt, falls Sie das entsprechende Gerät im Haus haben. Es reicht aber auch schon, einfach die Schalen und den Zucker ein paar Stunden lang in einer Schüssel durchziehen zu lassen.

JOLLY GREEN TONIC

Zutaten

Prise Meersalz

2 Zweiglein Thymian oder
½ TL getrockneter Thymian

1 TL Sojalecithinpulver

300 ml kochendes Wasser

Gurke

½ Limette

2 Shots (50 ml) eiskalter Gin

kleines Highball-Glas

Eiswürfel

gekühltes Tonic Water zum Auffüllen

Der Gin Tonic ist das klassische Beispiel eines Highball. Obwohl sich die Cocktailkategorie – allen voran der eigentliche GT mit seinen verdauungsfördernden Eigenschaften – für den frühen Abend andient, eignet sie sich auch ausgezeichnet als Essensbegleiter. Die Version hier kommt mit einer salzig-kräuterwürzigen Art daher und ist ein einfacher, ultraleichter Schaum, geeignet, einen kräftigen Geschmack in hauchzartem Gewand zu transportieren. Zubereitet wird er mithilfe von Lecithinpulver, das man in Drogerien bekommt. Es bindet Luft in der Lösung, wodurch eine Art essbarer Schaum entsteht.

Zubereitung

Zuerst den Schaum zubereiten. Eine Schüssel nehmen und Salz, Thymian, Lecithin sowie kochendes Wasser so verrühren, dass sich das Pulver auflöst. Schüssel kippen und einen Stabmixer in die Oberfläche halten. Auf hoher Stufe mixen und viel Luft in die Flüssigkeit schlagen. Das Lecithin fängt die Bläschen ein und baut den Schaum auf.

Von der Gurke einen langen Streifen längs abschneiden (die ersten Streifen wegwerfen, da sie aus Schale bestehen).

Den Streifen an die Glasinnenwand pressen. Glas mit Eis füllen. Limette direkt in das Glas entsaften. Gin hinzufügen, behutsam umrühren, mit Tonic auffüllen. Trinkhalm hineinstecken. Einen Löffel Schaum aus der Schüssel nehmen und den Drink damit toppen.

Tipp

Eine tragbare Aquarienpumpe kostet nicht viel und kann zum Schäumen verwendet werden. Dazu gibt man die Mischung in einen kleinen Becher und taucht den Pumpenschlauch mit dem Sprudelstein an seinem Ende in die Lösung. Schaltet man die Pumpe ein, belüftet er die Lösung und bildet ein dickes Schaumpolster. Aber das Ausschalten nicht vergessen!

GIN T(EE)

Zutaten

2 Shots (50 ml) eiskalter Gin

½ TL Earl-Grey-Tee

kleines Highball-Glas

Eiswürfel

eiskaltes Tonic Water zum Auffüllen

Grapefruitspalte zum Garnieren

Beim Gin Tonic denken viele vor allem an die Zitrusnoten des Gins oder den Schuss Zitrone bzw. Limette obenauf. Sie sind das Salz in der Suppe – ja, der Cocktail steht und fällt mit ihnen. Intensiviert man sie, kann man den Drink noch erfrischender gestalten. Damit er aber harmonisch bleibt, bringe ich mit schwarzem Tee einen ausgleichenden Tanninbiss ins Spiel. Verwenden Sie einen hochwertigen Blatttee, der mit echter Bergamotte aromatisiert ist. Sie liefert anstelle unangenehmer bitterer Öle zusätzliche Zitrusnoten.

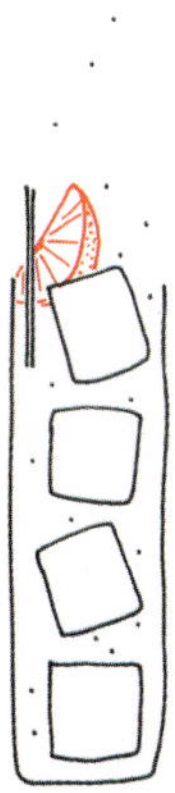

Zubereitung

Die Teeblätter in den Gin geben. Etwa 1 Min. stehen lassen, dann abseihen (in dieser Zeit kann die Grapefruitspalte zurechtgeschnitten und das Eis bereitgelegt werden – man könnte fast meinen, es sei so gedacht).

Den Tee-Gin in ein eisgefülltes Glas geben. Mit Tonic auffüllen und einen Trinkhalm hineinstecken. Die Grapefruitspalte über dem Glas leicht zerdrücken und ins Glas werfen.

Tipp

Verwendet man hochwertigen Tee, verändert sich der Geschmack mit der Zahl der Infusions. Deshalb sollte man die Blätter nicht nach einmaligem Gebrauch wegwerfen, sondern mehrere Male benutzen. Ich nehme die Tees der Rare Tea Company von Henrietta Lovell und finde, der dritte Aufguss mit Gin ist der beste.

REGISTER

A

Absinth 20
  The Braver 42
Ahornsirup 21
Ale
  Brewed Brooklyn 201
  Het Pint 182
Amaro
  Brewed Brooklyn 201
Americano 108
Ananas
  NY Snap 206
  Pineapple Rum mit Ginger Beer 93
  Sherry Cobbler 54
Angosturabitter 20
  Brandy Blazer 174
  Fancy GT 213
  Manhattan 153
  NY Snap 206
  Old Fashioned 150
  The Braver 42
Äpfel
  Apple Three Ways 165
  Galle House Punch 192
  Harvest Harf 63
  Southside 50
  Waggledance-Bowle 74
Apfelbrand
  Sweet Martini aus der Flasche 205
Apfelessig 21
  Apple Three Ways 165
  Summer Berry Tequila mit Ginger Ale 84
Apfelwein
  Galle House Punch 192
  Hot Buttered Gin 179
Apricot Brandy
  Start Me Up Cocktail 67
Aprikosenlikör
  Bubbles and Byass 147
  Sweet Martini aus der Flasche 205
Aquavit
  Bla Bla Fix 198
  Start Me Up Cocktail 67
Auberginen
  Deadly Nightshade 57
Autumn-Spring Sour 68

B

Barlöffel 14
Barmaß 14
Barsieb (Strainer) 15
Barzubehör 12–17
Basilikum
  Bubbles and Byass 147
  Gin Basil Fix 129
Bauen 29
Bauernmärkte 44
Bellini 41
Bicycletta 111
Bier *siehe* Ale
Birnen
  Hunter's Flask 162
  Rhabarber-Birnen-Kardamom-Wodka mit frischer Limonade 96
Bitter Bubbles 137
Bitterholz 33
Bitters 30, 32–33
Bla Bla Fix 198
Bloody Earnest 130
Bottled Cosmo 114
Bourbon
  Brooklyn 154
  Harvest Harf 63
  Mint Julep 100
  Old Fashioned 150

Pfirsich-Salbei-Bourbon 88
siehe auch Whisky
Bowle
Waggledance-Bowle 74
Brand *siehe* Apfelbrand, Cider Brandy, Cognac
Brandy Blazer 174
Braver, The 42
Brewed Brooklyn 201
British 45 58
Brombeeren
Hunter's Flask 162
Nuked Negroni 195
Summer Berry Tequila mit Ginger Ale 84
Brooklyn 154
Brewed Brooklyn 201
Bubbles and Byass 147
Buchweizentee
Pass the Buck 76
Buck's Fizz Reloaded 38

C

California-Gläser 17
Campari 20
Americano 108
Bicycletta 111
Bitter Bubbles 137
Nuked Negroni 195
Champagner
Buck's Fizz Reloaded 38
Gewürzter Cranberry-Champagner 202
Champagnerglas 17
Chartreuse
Rocket to Platino 71
Spiked Hot Chocolate 181
Chilled Smoke and Melons 166
Cider Brandy
Apple Three Ways 165
Hot Buttered Gin 179
Sweet Martini aus der Flasche 205
Cocchi Americano
Chilled Smoke and Melons 166
Start Me Up Cocktail 67
Wermut-Cocktail 133
Cocktailglas 17
Cognac
Brandy Blazer 174
Gewürzter Cranberry-Champagner 202
NY Snap 206
Schokowein 143
St Clements Cognac mit Ginger Beer 94
Cointreau
Bottled Cosmo 114
The Braver 42
Cosmo, Bottled 114
Coupette-Glas 17
Cranberrys
Gewürzter Cranberry-Champagner 202
Cranberrysaft
Bottled Cosmo 114
Crème de Cassis
Bla Bla Fix 198
Crème de Melon
Chilled Smoke and Melons 166
Crème de Mûre
Brandy Blazer 174
Crème de Poire
Gin Basil Fix 129
Curaçao
Gewürzter Cranberry-Champagner 202

D

Daisy-Glas 17
Deadly Nightshade 57
Death by Julep 103
Diamond Rickey 113
British 45 58

E

Eier
Fireside Flip 184
Hot Pint 182
Eis 23
Eiweiß
Deadly Nightshade 57
Rhubarb Leaf 53
Enzian 33
Erbsen
Garden Buck 64
Erdbeeren
Summer Berry Tequila mit Ginger Ale 84
Essig 21
Apple Three Ways 165
Summer Berry Tequila mit Ginger Ale 84
Estragon
Paisley Pattern Pitcher 81

F

Fancy GT 213
Fireside Flip 184
Flûte 17

G

Galle House Punch 192
Garden Buck 64
Garnierungen 22
Gewürze 21

Gewürznelke 33
Galle House Punch 192
Gewürzter Cranberry-Champagner 202
Gin
Apple Three Ways 165
British 45 58
Diamond Rickey 113
Fancy GT 213
Fireside Flip 184
Garden Buck 64
Gin Basil Fix 129
Gin T(ee) 215
Grapefruit-Rosmarin-Gin mit Ginger Ale 87
Hot Buttered Gin 179
House GT 211
Hunter's Flask 162
Jolly Green Tonic 214
Mulberry Smash 117
Nuked Negroni 195
Rhubarb Leaf 53
Southside 50
Start Me Up Cocktail 67
Sweet Martini aus der Flasche 205
Tiki GT 212
Waggledance-Bowle 74
Ginger Ale/Beer 21
Grapefruit-Rosmarin-Gin mit Ginger Ale 87
St Clements Cognac mit Ginger Beer 94
Gläser 16–17
Mixing-Glas 14
Grapefruit
Bitter Bubbles 137
Bloody Earnest 130
Fancy GT 213
Grapefruit-Rosmarin-Gin mit Ginger Ale 87
Paloma 148
Pass the Buck 76
Rocket to Platino 71
Gulab Julep 101
Gurken
Jolly Green Tonic 214
Southside 50

H

Harvest Harf 63
Heidelbeersaft
Bla Bla Fix 198
Het Pint 182
Highball-Glas 16
Himbeeren
Brewed Brooklyn 201
Summer Berry Tequila mit Ginger Ale 84
Himbeersirup
Wermut-Cocktail 133
Holundersirup
Holunder-Schoko-Scotch mit Soda 91
Paisley Pattern Pitcher 81
Pass the Buck 76
Honig 21
Apple Three Ways 165
Autumn-Spring Sour 68
Bellini 41
Bla Bla Fix 198
Fireside Flip 184
Hot Buttered Gin 179
Pfirsich-Salbei-Bourbon 88
Hot Buttered Gin 179
House GT 211
Hunter's Flask 162

I

India Pale Ale
Brewed Brooklyn 201
Infusions 83
Grapefruit-Rosmarin-Gin mit Ginger Ale 87
Holunder-Schoko-Scotch mit Soda 91
Hunter's Flask 162
Pfirsich-Salbei-Bourbon 88
Pineapple Rum mit Ginger Beer 93
Rhabarber-Birnen-Kardamom-Wodka mit frischer Limonade 96
St Clements Cognac mit Ginger Beer 94
Summer Berry Tequila mit Ginger Ale 84
Ingwer 33
Fireside Flip 184
Galle House Punch 192
Hunter's Flask 162
Pineapple Rum mit Ginger Beer 93
Summer Berry Tequila mit Ginger Ale 84

J

Jigger 14
Jolly Green Tonic 214
Julep 99
Death by Julep 103
Gulab Julep 101
Mint Julep 100

K

Kaffee 33
Kakao-Nibs
Gulab Julep 101

Holunder-Schoko-Scotch
mit Soda 91
Schokowein 143
Kardamomschoten
Apple Three Ways 165
Galle House Punch 192
Rhabarber-Birnen-Kardamom-
Wodka mit frischer Limonade 96
Konfitüre
Mulberry Smash 117
Kräuter 22
Kürbis
Autumn-Spring Sour 68

L

Lavendel 33
Lillet blanc
Deadly Nightshade 57
Reposado Highball 134
Wermut-Cocktail 133
Limettensaft
Bloody Earnest 130
Bottled Cosmo 114
Paloma 148
Rocket to Platino 71
Southside 50
The Braver 42

M

Malt Whisky
Autumn-Spring Sour 68
Chilled Smoke and Melons 166
Fireside Flip 184
Manhattan 153
Maraschino (Likör)
Bloody Earnest 130
Brooklyn 154
Manhattan 153
Märkte 44
Marmelade 21, 42, 71, 117
siehe auch Konfitüre
Martini
Sweet Martini aus der Flasche 205
Martini-Glas 17
Martini rosso
Wermut-Cocktail 133
Messer 15
Milch
Spiked Hot Chocolate 181
Minze
Death by Julep 103
Gulab Julep 101
Mint Julep 100
Mulberry Smash 117
Southside 50
Waggledance-Bowle 74
Mixing-Glas 14
Mr Lyan's Diamond Rickey
British 45 58
Muddeln 28
Mulberry Smash 117
Muskatnuss
Galle House Punch 192

N

Nuked Negroni 195
NY Snap 206

O

Old Fashioned 150
Old-Fashioned-Glas 17
Orange
Autumn-Spring Sour 68
Buck's Fizz Reloaded 38
Gewürzter Cranberry-
Champagner 202
Sherry Cobbler 54
St Clements Cognac mit
Ginger Beer 94
Waggledance-Bowle 74
Orangenbitter
Bottled Cosmo 114
Paisley Pattern Pitcher 81
Sweet Martini aus der Flasche 205
Orangenschale 33
Oregano
Death by Julep 103

P

Paisley Pattern Pitcher 81
Paloma 148
Pass the Buck 76
Peychaud's Bitters
Manhattan 153
Pfefferkörner
Galle House Punch 192
Pfirsich
Bellini 41
Mint Julep 100
Peach and Verbena Smash 118
Pfirsich-Salbei-Bourbon 88
Start Me Up Cocktail 67
Waggledance-Bowle 74
Picon amer
Brooklyn 154
Poire Williams
Spiked Hot Chocolate 181
Presse 14
Prosecco
Bellini 41
Waggledance-Bowle 74
Punsch
Apple Three Ways 165
Galle House Punch 192

R

Rainy Day Spritz 120
Reposado Highball 134
Rhabarber
  Rhubarb Leaf 53
  Rhabarber-Birnen-Kardamom-Wodka mit frischer Limonade 96
Rocket to Platino 71
Rocks-Glas 17
Rosenwasser
  Gulab Julep 101
Rosmarin
  Grapefruit-Rosmarin-Gin mit Ginger Ale 87
  Hunter's Flask 162
Rühren 26
Rum
  Bloody Earnest 130
  Deadly Nightshade 57
  Galle House Punch 192
  NY Snap 206
  Peach and Verbena Smash 118
  Pineapple Rum mit Ginger Beer 93
Rye Whiskey
  Brewed Brooklyn 201
  Manhattan 153

S

Salbei
  Pfirsich-Salbei-Bourbon 88
Salz 21
Schäler 15
Schaumwein
  Bellini 41
  Buck's Fizz Reloaded 38
  Gewürzter Cranberry-Champagner 202
  Waggledance-Bowle 74
Schlehenlikör
  Fireside Flip 184
Schokolade
  Gulab Julep 101
  Holunder-Schoko-Scotch mit Soda 91
  Schokowein 143
  Spiked Hot Chocolate 181
Schütteln 25
Scotch
  Het Pint 182
  Holunder-Schoko-Scotch mit Soda 91
  Paisley Pattern Pitcher 81
  Pass the Buck 76
  The Braver 42
Seihen 27
Sellerie
  British 45 58
Shaker 13
Sherry 21
  Bubbles and Byass 147
  Chilled Smoke and Melons 166
  Sherry Cobbler 54
Shot-Glas 16
Sirup, Zucker- 21, 30–31
Sling-Glas 16
Soda(wasser) 21
  Holunder-Schoko-Scotch mit Soda 91
Sojalecithinpulver
  Jolly Green Tonic 214
Sour-Glas 17
Southside 50
Spargel
  Garden Buck 64
Spiked Hot Chocolate 181
Start Me Up Cocktail 67
St Clements Cognac mit Ginger Beer 94
Sternanis 33
Stößeln *siehe* Muddeln
Stout (Bier)
  Brewed Brooklyn 201
Summer Berry Tequila mit Ginger Ale 84
Sweet Martini aus der Flasche 205

T

Tangerine
  Buck's Fizz Reloaded 38
Techniken 24–29
Tee 21
  Harvest Harf 63
  Tea GT 215
  siehe auch Buchweizentee
Tequila
  Death by Julep 103
  Paloma 148
  Reposado Highball 134
  Rocket to Platino 71
  Summer Berry Tequila mit Ginger Ale 84
Thai-Basilikum
  Gin Basil Fix 129
The Braver 42
Thymian
  Jolly Green Tonic 214
Tiki GT 212
Tonic Water 21
  Diamond Rickey 113
  House GT 211
  Tiki GT 212
Triple Sec 20
Trockenaprikosen
  Schokowein 143

Trockengewürze 21
Trockenkirschen 33
Tumbler 17

V

Vanille
Spiked Hot Chocolate 181
Verbene
Peach and Verbena Smash 118
Waggledance-Bowle 74

W

Wacholder 33
Waggledance-Bowle 74
Wassermelonen
Tiki GT 212
Wein
Bellini 41
Bicycletta 111
Gewürzter Cranberry-Champagner 202
NY Snap 206
Rainy Day Spritz 120
Schokowein 143
Waggledance-Bowle 74
Weizengras
Autumn-Spring Sour 68
Wermut (Kraut) 33
Wermut (Wein) 21
Americano 108
Brooklyn 154
Manhattan 153
Nuked Negroni 195
Sweet Martini aus der Flasche 205
Wermut-Cocktail 133
Whiskey / Whisky
Autumn-Spring Sour 68
Brewed Brooklyn 201
Brooklyn 154
Chilled Smoke and Melons 166
Fireside Flip 184
Harvest Harf 63
Het Pint 182
Holunder-Schoko-Scotch mit Soda 91
Hunter's Flask 162
Manhattan 153
Mint Julep 100
Old Fashioned 150
Paisley Pattern Pitcher 81
Pass the Buck 76
Pfirsich-Salbei-Bourbon 88
The Braver 42
Wodka
Bottled Cosmo 114
Gulab Julep 101
Rhabarber-Birnen-Kardamom-Wodka mit frischer Limonade 96

Z

Zimt 33
Galle House Punch 192
Zitrone
Autumn-Spring Sour 68
Bicycletta 111
Bla Bla Fix 198
Bottled Cosmo 114
Deadly Nightshade 57
Galle House Punch 192
Garden Buck 64
Gin Basil Fix 129
Hot Buttered Gin 179
Mulberry Smash 117
NY Snap 206
Paisley Pattern Pitcher 81
Peach and Verbena Smash 118
Rhabarber-Birnen-Kardamom-Wodka mit frischer Limonade 96
Rhubarb Leaf 53
Sherry Cobbler 54
St Clements Cognac mit Ginger Beer 94
The Braver 42
Waggledance-Bowle 74
Zitronenblütensirup
Wermut-Cocktail 133
Zitronenverbene
Peach and Verbena Smash 118
Waggledance-Bowle 74
Zitrusfrüchte (Garnierung) 22
Zuckerbrecherbsen
Garden Buck 64
Zuckersirup 21, 30–31
Zutaten 18–22

Wie immer gilt es viel zu vielen zu danken. Aber alle Arbeit würde nicht halb so viel Spaß machen ohne die Hilfe dieser Leute.

Familie

Natasha, Guy & Sam, Mama, Dad & Kate, Marc, Pyper & Ashley, Karen-o, Iain (du bist immer der beste Mitverschwörer), Anette, Vik & Leo, Bob, Batman, Barney, Rich, Jonny, Phil, Lizzie, Antoine, Alex & Tanya, Jenny, Seb & Caf, Edgar, Mirabelle & Ghislaine, Sarah, Jam, Jonquil, Mahi, Prathiba, Dumi & Familien, Yohan & Mandy, Alan & Gelareh, Elli.

Enge Freunde

Robin & Jade, Nathan & Hana, Marcis, Team DL, Rob & Emily, Mayface, Zoë, Chris Stock, Jason Scott, Mike Aikman, Craig Harper, Ian McLaren, Stu McCluskey, Lewis Jaffrey, Tristan Stephenson, Dave Broom, Stu Bale, Familie Boublil, Terri, Pauli, Niall & Lucy, Katie & Jezza, Paisley, Shay, Neil & Joel, Dawn Davies, Ben Slater, Seamus & Lynn, Todd Selby, Kiwi Nick, Henrietta, Familie Griffiths, Nat Wright, Georgie Bell, Marco No Way, Dan Bartley, Kernohan, Greggy, Cindy Gallop.

Leute aus der Branche

John, Chris & Compass Box, Gemma Bell, Kimberley Brown, Marco Pierre White, Liam Davy, Robin Gill, Beth Adams, Sam & Harry, Ali Burgess, Alex & Monica, Jim, Naren, Tina, Jonathan, die Jason-Cousins, James Lowe, Clove Club, Team Imbibe, Tien Ho, Joe & Jason, MRA-C, David Piper & Dunk, Marcin Miller, Ben Ellefson, Sukhinder & Raj, Eddy, Andy Gemmel, Darren & Nicole, Addie & Jo, Camille, Jo Lacey, Arielle & Josh, Sean & Leanne, Jacob Briars, Derek Elefson, Tom Walker, Phil & Elayne, Sam & Michael, Paul Mant, John Gakuru, Cami & Hobby, Ross Purnell, Dan Gasper, Claire & Dan, Ras & Adi, Marius & Cask, Harold McGee, Dave Arnold, Ben Cleary, Master Paewai, Charles Spence, Rachel Dutton, Nick Morgan, Xabi & Edu.

Die Leute, denen ich dieses Buch zu verdanken habe

Zena (tut mir leid; mein Gott, bist du geduldig; danke für den Glauben an dieses Projekt), Kim Lightbody (das Buch hat so viel Spaß gemacht; vielen Dank für deinen magischen Input), Eve O'Sullivan (für dein großartiges Essen), Glenn Howard, Euan Ferguson, Hilary Bird, John & Jay Jackson, Kevin Bacon, Jo & Ren, Lynn, Chris & die Babys, Charlie Hay, Elli, Baby & Gracie, Sylvia & Beagle Henry, Rosie, Charlotte, Daniel, Jackie, Joel, Kieran, Roselle, Eric & Emily, Michelle, Melissa & Brian, Batman.